성숙한 인간관계를 위한

대인관계와 정신역동

최경희 저

이문출판사

■저자소개■

崔 庚 姬

1956년 경남 통영 출생
상담교육 석사, 교육학 박사
한국심리학회 상담심리전문가
전 한국상담심리연구소 선임 상담연구원
전 영남 상담 및 심리치료 연구회 부회장
대구대학교 특수교육·재활과학 연구소 연구교수
한국동서정신과학회 부회장
東方심리상담연구소 소장

대인관계와 정신역동

2000년 8월 20일 초판 발행
2018년 10월 15일 7판 발행

지은이 최 경 희
발행인 지 경 원
발행처 이문출판사

대구광역시 남구 중앙대로40길 11-14
서울특별시 서대문구 모래내로24다길 15-5
전화 053)624-3113, 02)359-8250
팩스 02)359-8251
변경등록 1994. 6. 3 제 7-20호

ISBN 978-89-7334-166-5
부가기호 93180
값 15,000

성숙한 인간관계를 위한

대인관계와 정신역동

성숙한 인간관계란

상대에 얽매이지 않으면서

상대를 매어 두지 않는 관계…

책머리에

삶의 전 과정은 대인관계라는 그물 속에서 이루어진다.

한 개인이 사람 사이에 부대끼는 것이 힘들어 아무리 그 관계를 벗어나려고 하여도, 대인관계의 문제점은 사회생활의 실패로 연결된다. 즉 최소한의 사회생활의 유지를 위해서라도 대인관계란 거의 필수 불가결한 것이다. 가족, 직장, 조직체, 공동체 등 다양한 체제 안에서 생산적인 활동을 위한 것이든 간단한 여흥을 위한 것이든 유의미한 결과를 기대하기 위하여서는 대인관계의 성공이 그 중요한 관건이 되고 있다.

그러나 효율적인 대인관계란 생각보다는 그리 쉽지 않다. 이렇게 행동하면 될 것이고, 이런 방식으로 사고하고 처리하면 될 것으로 보았던 일들이 뜻밖의 난관에 부딪히기도 한다. 또 분명히 객관적이고 합리적으로 처리하였다고 생각되었던 부분이 타인의 입장에서는 완전히 엉뚱하게 잘못된 것으로 평가받을 수도 있다. 더욱이 나로서는 예사롭게 하였던 말들이 일정한 시간이 경과된 후 상대방에게는 상처가 되었다고 전해져 오기도 하며, 상대방의 지나가는 말 한마디가 나에게는 마음을 다치게 하는 언어적 무기가 될 때도 있다. 이렇게 우리는 서로가 서로에게 알게 모르게 눈에 보이지 않는 언어적 도금으로 일시적으로는 포장하지만, 진실된 인간관계를 한다는 것이 그리 쉽지 않다는 것을 느낄 수 있다.

대인관계는 상황과 조건에 따라 다소간의 차이는 있겠으나 양보다는 질이 중요하다. 어떻게 하면 질적인 의미의 진실한 대인관계를 효율적으로 잘 할 수 있을까? 누구나 원만한 대인관계를 원하지만 잘 되지 않는 이유는 어디에 있을까? 대인관계 개선의 방법 또는 기술은 이런저런 책을 통하여 알았는데 실제적인 상황에서는 왜 잘 되지 않을까? 많은 사람들은 이러한 문제 제기를 머릿속에 떠올리게 될 것이다.

필자는 상담 또는 교육장면에서 주의 깊게 대인관계 양식을 살펴보고 여러 가지 안타까운 문제를 접하면서 얻은 것이 있었다. 그것은 인간내면의 감정적 성숙 없이는, 자기 내면의 통찰 없이는, 아무리 훌륭한 기술과 방법이 제시되더라도 실제적인 상황에서는 옛날의 습(習)을 그대로 답습할 수밖에 없다는 임상경험이었다. 특히 부모-자녀간의 인간관계에서는 부모의 의존심과 적개심이 깔린 강한 집착으로 인하여 더욱 더 심각한 문제가 대를 이어 야기된다는 점을 인식하면서 '정신역동적 부모교육 프로그램'의 개발을 시도하게 되었던 것이다. 이 프로그램은 지속적인 관심에 의해 대구, 부산, 울산, 포항, 서울, 경기 등을 중심으로 실행되어졌고, 현재는 정신역동에 대하여 문외한이었던 일반인에게도 점진적으로 펴져나가고 있다. 물론 그 내용은 부모-자녀관계뿐만 아니라 모든 대인관계에서도 적용된다. 필자의 도제식 스승이셨던 고(故) 정방자(鄭芳子) 선생님의 지도로 전체적인 틀을 짠 부모교육 프로그램의 내용은 부족하나마 필자의 손에 의하여 제작·개발·완성되었다. 그리고 다시 인간관계를 위한 내용으로 재수정·보완되어 이 교재가 완성되었다.

이 책은 지금까지의 대인관계 문제를 의사소통적 접근과 문제해결적 접근 또는 인지적인 접근으로 실시하여 오던 종래의 입장과는 달리하고 있다. 자신의 내면의 무의식적인 감정세력에 대한 이해를 한 후에, 내면의 역동과 관련을 지으면서 사후교육을 실시하게끔 하였다. 말하자면 인간관계를 기술적 관계가 아닌 정서적 관계에 초점을 맞추면서 인지적 행동적 접근을 시도하였다. 엄밀하게 말하면 정서적 관계에 바탕을 둔 기술적 문제를 뜻한다.

대학 또는 조직체에서 인간관계에 대한 관심이 높아지고 있는 요즈음, 오랜 시간 동안 내재화된 무의식적인 감정의 세력들, 즉 정신역동이 현재의 감정에도 줄기차게 살아남아 인간의 사고와 행동에 중요한 영향을 미친다는 사실에 관심을 가지는 사람들이 증가하고 있다. 신(新)정신분석학의 흐름인 정신역동적 접근에서 인간관계의 이해를 시도한 이 책은, 관심 있는 여러분들에게 체계있는 자기진단의 목적으로 이용될 수도 있고, 이 책을 꼼꼼히 읽을 수 있는 독자라면 자기치료에 도움을 받을 수도 있다. 내용 면에서는 구체적인 이론보다는 실제생활에의 유용성을 고려하여, 가능하면 누구라도 이 내용과 자신의 내면을 견주어 탐색할 수 있도록 쉬운 문체를 사용하였으며, 아울러 토론 자료와 '자기탐색'의 구체적인 사례를 첨가시켰다.

이 교재를 응용한 좀 더 구체적이고 전문적인 대인관계훈련을 받고자 원하시는 분에게는, 東方심리상담연구소의 '정신역동적 부모교육 혹은 상담자 교육 프로그램'에 참여하기를 권유한다. 이 교육에서는 전문수련을 받은 강사가 정신역동적 대인관계훈련/부모교육 워크북을 통하여 교육과 집단상담을 겸한 수업을 실행할 것이다. 소집단 교육과정은 정신역동적 상담이론을 전문적으로 강의하시는 선생님들에 의해서 이론과 실제를 병행하게 되며, 강의, 탐색, 토론, 실습, 상호피드백 등의 다양한 수업방법을 통하여 수용받고 적절하게 해석받는 경험과 자신을 표출하고 탐색하는 의미 있는 시간을 가질 수 있을 것으로 본다. 각 장마다 제시한 「자기탐색 사례」는 본 연구소에서 실시한 '정신역동적 대인관계훈련' 혹은 '부모교육'에 참여한 참가자들의 「경험보고서」의 허락된 내용이다.

이 책이 마무리되기까지 안형관(安亨寬) 선생님, 고(故) 정방자(鄭芳子) 선생님 두 분께 깊이 감사드린다. 자기탐색사례의 제시를 흔쾌히 허락하여 주신 여러 참가자들 모두에게 감사한다. 또한 번거롭고 복잡한 교정작업을 위해 수개월 동안 밤늦게까지 묵묵하게 수고한 첫 조교였던 김은주씨, 출판을 허락하여 주신 이문출판사의 지경원 사장님께 고마움을 표한다. 가족들을 위한 필자의 부족한 시간을 기꺼이 감내해 주셨고, 현재도 도와주시는, 사랑하는 시어머님, 남편, 두 아이에게 특별히 감사한다.

2003년 3월 10일

울산의 東方심리상담연구소에서

崔 庚 姬

차 례

第Ⅲ部 성숙한 대인관계

그림 차례

표 차례

제 I 부
대인관계 속에서의 정신역동

친밀감이 깊어지고 감정교류가 깊어질수록 억압되었던 과거 아동기 양식이 빠른 시일 내에 서로에게 드러나게 된다. 즉 초기 아동기부터 억압되었던 이 양식(아동기 감정양식)이 서로가 가까워지면서 성인판으로 부활되는 것이다. 부부간, 부모-자녀간, 고부간, 동료간 등의 가까운 가족관계나 직장 내의 친밀한 인간관계에서 발생하는 서로의 양식은 각자의 아동기 양식의 부활을 보여주고 있는 것이다.

제1장

나와 주변인과의 대인관계

삶의 전 과정은 대인관계라는
그물 속에서 이루어진다.

1. 대인관계

인간은 사회적 존재이며, 관계적 존재이다. 인간은 혼자서 살아가는 것이 불가능하기 때문에 주변의 구성원들과 관계를 하면서 집단에 의존해서 살아가는 것이 일반적이다. 그 상호작용 속에서 처음에는 형식적인 관계로부터 출발하여 점차 심리적인 결속의 관계로 들어가면서 기쁨과 행복, 어려움과 불행을 맛보기도 한다. 이렇게 인간 대 인간의 심리적인 연결을 인간관계라고 부른다.

우리는 원하든 원하지 않든, 좋아하든 싫어하든 일상생활 속에서 어쩔 수 없이 맺어지는 수많은 관계를 완전히 벗어날 수는 없다. 다시 말하면, 건강한 생활을 하는 사람이라면 어느 누구도 인간관계의 그물로부터 자유로울 수 없다. 예컨대 교사는 교감-교사, 교사-교사, 교사-학생, 교사-교직원 간의 관계, 회사원은 동료나 상사와 부하, 남·녀 간의 관계, 가족 구성원은 부모-자녀, 부부, 고부간, 동서간의 관계 등 반복적인 대인관계의 상호작용이 가정이나 직장에서 날마다 일어나고 있다.

인생의 발달 단계별로 한평생 경험하게 되는 인간관계의 변천과정을 들여다보면서(권석만, 1999) 각 시기의 대인관계 양상을 살펴보면 다음과 같다.

첫째, 유아기의 대인관계이다. 모든 인간은 태어나면서 가장 먼저 가족관계 속으로 들어가게 된다. 무력한 존재로 태어난 신생아는 전적으로 부모의 보호와 양육을 받게 되면서 부모-자녀 관계라는 대인관계가 형성되며, 이 관계는 한 인간의 성격형성에 중요한 바탕이 된다. 부모의 성격적 특성과 양육방식은 다른 많은 주변의 조건에 비하여 유아의 성격발달에 중요한 영향을 미친다. 왜냐하면 유아기의 부모-자녀관계는 유아의 기질적 특성과 부모의 성격적 특성이 상호작용하는 역동적인 관계이기 때문이다. 이러한 관계에서 부모가 나타내는 반응방식이 유아의 성격형성에 중요한 영향을 미치게 되고 나아가서 성장 후의 부모-자녀 관계에 지속적인 영향을 미치게 된다.

뿐만 아니라 신생아는 태어남과 동시에 형제자매의 관계 속에 들어가게 된다. 나이 차이가 많지 않은 형제자매는 태어나서 죽을 때까지 같은 가족의 구성원으로서 긴밀한 관계 속에서 한평생을 살아가게 되는 대인관계의 대상이다. 형제자매 관계는 같은 부모의 피를 나눈 가장 친밀한 혈연관계로서 다른 대인관계보다도 강력한 유대와 친분을 맺게 된다. 그러나 다른 한편으로 형제자매 관계에는 부모의 애정과 관심을 나누어 가져야 하고 서로 비교되는 경쟁적 요소가 내포되어 있다. 이러한 형제자매간의 경쟁(sibling rivalry)은 형제의 수나 서열 그리고 부모의 태도에 따라 복잡한 양상을 나타낼 수 있으며 성격형성에 중요한 영향을 미칠 수 있다. 그 구체적인 내용은 특히 정신역동적 측면에서 매우 잘 설명될 예정이므로 뒤의 장에서 계속 살펴보게 될 것이다.

둘째, 학령 전 아동기의 대인관계이다. 신생아가 3~4세의 아동으로 성장하면 신체적인 운동기능의 발달과 더불어 언어능력이 급격히 발달하고 같은 또래 아동들과 초보적인 교우관계를 맺기 시작한다. 이 시기의 아동은 같은 또래에 대한 관심이 많으며 여러 가지 놀이와 장난을 하게 되고 간단한 의사소통을 하며 최초의 교우관계를 형성하게 된다. 유치원이나 초등학교 이전의 교육기관에 편입되게 되면서 이러한 교우관계의 폭과 깊이가 증대되고 사회성이 발달된다.

셋째, 아동기의 대인관계이다. 초등학교의 입학은 아동의 대인관계에 많은 변화를 가져온다. 우선 교우관계가 양적으로 급격하게 증대된다. 같은 학급 또는 학교에 소속된 많은 또래아동들과 어울리게 된다. 이 시기에는 교우관계의 질도 변화한다. 인지적 능력이 발달하고 감정의 세분화가 진행됨에 따라 교우관계가 이전 시기에 비해 한층 복잡한 양상을 띠게 된다. 이 시기는 동성간의 교우관계가 주된 것이지만 초등학교 고학년이 되어감에 따라 이성친구에 대한 관심이 생겨난다. 또한 학업능력이 평가되는 학교상황에서는 학업성적에 따라 열등의식과 우월의식이 발달하게 되고 자의식이 생겨나 부끄러움과 수치심을 느끼게 된다. 흔히 이 시기에 이사나 전학은 안정된 교우관계나 선생님과의 관계를 떠나 새로운 관계를 형성해야 하기 때문에 아동의 대인관계에 커다란 변화와 영향을 주기도 한다.

넷째, 청소년기의 대인관계이다. 중학교와 고등학교에 진학하면서 교우관계는 한층 성숙해지고 활발해진다. 청소년기에 해당하는 이 시기는 부모로 부터의 심리적 독립이 일어나는 시기로서 가족관계보다 교우관계가 주요한 대인관계로 자리잡게 되며 가족보다는 친구의 영향력이 증대되는 경향이 있다. 또한 사춘기에 해당하는 중·고등학교 시기에는 신체적 성징이 뚜렷이 나타나게 되고 이성에 대한 관심이 높아지게 되어 초브적인 이성관계가 시작되기도 한다.

다섯째, 청년기의 대인관계이다. 이 시기는 특히 대인관계의 폭이 넓어진다. 한국사회에서 청소년기에 해당하는 중·고등학교 시기는 학생들의 시간과 노력이 입시준비에 집중되기 때문에 비로소 대학에 진학하여 억눌렸던 인간관계의 욕구가 활발한 대인관계로 나타나게 된다. 그러나 대학에서는 이렇게 주어지는 대인관계의 틀이 거의 없기 때문에 응집력이나 구속력이 매우 약하다. 학생 개인이 스스로 적극적으로 대인관계를 구축하지 않으면 대인관계의 형성이 어렵다. 또한 대학에서는 이성교제가 활발해진다. 이성관계에 대해서 자유롭고 허용적인 분위기를 제공하는 대학에서는 미팅, 소개팅 등을 통해 이성과의 만남이 빈번해진다. 사실 깊이 있는 실질적인 이성관계가 처음으로 이루어지는 시기는 대학시절, 즉 청년기 초기이다. 성인으로서 진지하고 깊이 있는 이성관계를 형성하고 이성간 낭만적 사랑(romantic love)을 경험하는 시기이기도 하다. 이러한 이성관계를 통해 강렬한 감정이 개입되는 새로운 대인관계를 경험하게 된다. 만남과 이별을 통해 여러 이성을 탐색하기도 하고 때로는 이 시기에 만난 이성과 좋은 관계를 맺게 되어 훗날 결혼배우자가 되는 경우도 있다.

여섯째, 청년기 후기의 대인관계이다. 대학을 졸업하는 20세 중·후반은 직장인으로서 직장에서 새로운 대인관계를 경험하게 된다. 이 시기에는 대학시절에 비해 대인관계의 폭이 좁아지는 경향이 있다. 대부분의 시간을 직장에서 지내야 하기 때문에 직장 내의 대인관계가 중요한 대인관계의 장이 된다. 직장의 가장 큰 특성은 잘 짜여진 조직사회이므로 개인은 자신의 능력을 효율적으로 발휘하는 일이 중요하다. 이러한 업무수행과정에서 직장동료나 상사와 협동적이고 효율적인 대인관계를 맺는 것이 중요하다.

일곱째, 장년기의 대인관계이다. 40~50대에 해당되는 장년기에 접어들면서 대인관계에 새로운 양상이 나타나게 된다. 이 시기는 개인의 인생에서 사회경제적 능력이 최고의 수준에 오르는 절정기이다. 직장에서의 권한이 확대되고 직장 내의 위계관계 속에서 상급자의 위치에 서게 된다. 이 시기는 상급자로서 부하직원을 지휘하고 통솔하는 위치에서 새로운 상하관계를 경험하게 된다. 또한 이 시기에 자녀들은 성장하여 청소년기에 접어들게 된다. 자녀들은 부모로부터 심리적으로 독립하게 된다. 따라서 부모로서 자녀에 대한 심리적 유대감이 약화되며 자녀들이 결혼적령기에 접어들면, 혼인을 통해 사위나 며느리를 보게 되고 따라서 시부모 또는 장인, 장모의 위치에 서게 되어 새로운 가족과의 관계형성이 이루어지는 시기이다.

여덟째, 노년기의 대인관계이다. 개인에 따른 차이는 있겠으나 대체로 우리 사회에서는 60세를 전후한 이 시기에 활발했던 직업생활을 종료하고 인생을 정리하며 마무리하는 시기이다. 일반적으로 노년기는 사회적 대인관계가 감소하는 대신 가족관계에 대한 의존성이 증대되는 시기이다. 부부가 같이 지낼 시간이 많아지고 서로에 대한 의존성도 커진다. 또한 경제적으로나 심리적으로 자녀에 대한 의존성이 커진다. 손자손녀가 커 가는 것을 지켜보는 것이 커다란 즐거움이 된다. 노년기에는 사회경제적 능력이 약화된 상태에서 자녀에 대한 의존성을 잘 해결하는 것이 중요한 과제가 된다. 노년기는 대인관계의 해체기라고 할 수 있다. 맺었던 여러 대인관계가 서서히 소원해지고 해체되어 간다. 과거 직업생활을 통해 빈번하고 긴밀한 관계를 유지했던 사람들과의 만남이 감소해지면서 소원해지게 된다.

한 인간의 인생은 발달시기에 따라 다양한 사람과 다양한 대인관계를 맺으며 살아가게 된다. 각 단계마다 형성하게 되는 대인관계의 내용과 질이 개인의 행복과 불행을 결정하게 된다. 한 인간의 인생은 어떤 사람을 만나 어떤 대인관계를 맺느냐에 의해 결정된다고 해도 과언은 아닐 것이다.

가정, 학교, 직장, 일반 사회생활에서 빚어지는 대부분의 문제는 대인관계 즉 인간관계로부터 비롯되고 있다. 모든 인간관계 문제가 다 그러한 것은 아니지만 어떤 경우에는 한 인간으로서의 성공과 실패를 좌우하는 결정적인 요인이 되기도 한다. 효과적인 인간관계가 유지되지 못할 때 개인 차원에서는 좌절, 소외, 부적응 등의 문제가 야기되고, 조직 측면에서는 생산성 저하의 문제가 초래된다. 따라서 개인생활이나 직장생활에서 인간관계는 그 중요성을 아무리 강조하여도 지나치지 않다.

더욱이 현대사회는 그 특징상 인간을 고독하게 만들기 쉽다. 현대는 조직화되고 거대해지는 규모, 효율성과 신속성의 강조, 개성은 발달하지만 갈등과 경쟁 요소의 증가, 물질적 가치가 강조되는 구조, 전자통신기술의 발달 등으로 인하여 진정한 인간적인 만남의 기회가 점점 줄어가고 있다. 우리는 대인관계에 관심을 가지지 않으면 점점 고독해지고 불행해질 가능성이 많은 사회 속에서 살고 있다고 보아야 한다.

대인관계훈련은 타인과 함께... 타인을 통하여... 효과적으로 일을 할 수 있고, 사랑할 수 있는 능력과 기술을 학습하는 것이라고도 볼 수 있다. 물론 이것은 다른 사람들의 재능과 능력은 물론이고 그들의 욕구와 약점까지도 이해하는 것을 포함한다. 직장에서는 우리가 어떠한 종류의 일에 종사하든지 간에 다른 사람들과의 관계를 어떻게 유지・발전시키느냐 하는 문제는 직무상의 성패를 좌우하는 열쇠가 되기도 한다.

혹자는 대인관계를 잘 하는 사람은 폭넓게 많은 사람을 잘 사귀는 사람이라고 생각한다. 그래서 소수의 사람과 깊이 있게 사귀는 사람은 대인관계를 잘 못하는 사람이라고 느낀다. 사람은 그가 지닌 성격적 경향에 따라 한 두 사람과의 관계를 맺어도 불편함이 없을 뿐만 아니라, 오히려 혼자 있기를 바라고 즐기는 사람이 있는 반면, 혼자 있으면 왠지 사는 것이 허전하고 외로워 여러 사람들을 늘 만난다든지, 아니면 전화라도 붙들고 이야기하는 것이 즐거운 사람이 있다. 그 각각 장단점이 있어 여기서 일일이 나열하기는 어렵다. 어쨌든 인간의 특성은 워낙 다양하므로 대인관계를 양으로 단정지을 수는 없다. 왜냐하면 자신이 가진 고유한 성격의 바탕 하에 각자의 모습을 진실되게 전달하고 상대를 진실되게 받아들이는 질적인 의미의 인간관계가 중요한 것이지, 양적인 의미의 인간관계 그 자체가 중요한 것은 아니기 때문이다.

지금까지 일반적인 대인관계에 관한 내용을 접하였다. 잠시 후 정신역동적 접근에 대한 기본개념을 학습한 후, 건강한 대인관계를 위한 정신역동적 접근 방법은 어떻게 다루어질지 살펴보기로 한다.

주요내용

하나, 우리는 대인관계에 관심을 가지지 않으면 점점 고독해지고 불행해질 가능성이 많은 사회 속에서 살고 있다.

둘, 대인관계훈련은 타인과 함께... 타인을 통하여... 효과적으로 일을 할 수 있고, 사랑할 수 있는 능력과 기술을 학습하는 것이라고도 볼 수 있다. 물론 이것은 다른 사람들의 재능과 능력은 물론이고 그들의 욕구와 약점까지도 이해하는 것을 포함한다.

셋, 질적인 의미의 인간관계가 중요한 것이지, 양적인 의미의 인간관계 그 자체가 중요한 것은 아니다.

* 뒷 페이지 「대인관계방식의 이해」 강의자의 지시에 따라 직접 실습해 보고 토론해 보자.

2. 정신역동적 접근

정신역동이란 무엇인가?

역동이라는 말은 '움직인다... 어떤 힘이 움직인다'는 뜻이다. 물의 힘이 움직여 수력발전이 이루어지고, 전기의 힘이 움직여 전력수급이 되듯 인간의 정신적인 힘... 내면에서 흐르는 정서적인 힘, 감정의 세력이 움직여 인간의 행위에 연결된다는 뜻이다. 즉 정신역동은 인간내면에 흐르는 정서적 세력... 감정의 흐름... 정서적 힘의 상호작용(interplay of emotional force)을 의미한다.

나의 내면에 흐르는 감정의 힘들은 무엇인가? 우리는 자신의 대인관계양상을 정확하게 이해하기 위하여 그 힘들은 나에게 어떤 영향을 미쳤고, 어떤 사고방식을 가지게 하였으며, 어떤 행동양식을 야기시켰을까를 생각하여 볼 수 있다.

그렇다면 한 인간에게 이러한 정신역동은 주로 언제부터 형성되는가?

동·서양의 속담에 「세 살 버릇 여든까지 간다」「요람을 흔드는 손이 세계를 움직인다」「일곱 살 될 때까지 나에게 어린이를 맡긴다면 당신은 그 어린이의 나머지 일생을 가져도 좋다」라는 글귀가 있다.

정신분석이론을 현대적인 상담방법으로 발전시킨 정신역동적 접근에서는 0-6세 사이에 주요한 감정의 힘들, 정신역동(Psychodynamic)이 형성된다고 보고 있다(Freud, 1923; A. Freud, 1937; Alexander, 1948; Ackerman, 1958; Saul, 1977; Jacobs, 1988; McLoughlin, 1990, 1995; 이동식, 1974; 정광자, 1998).

대체로 많은 심리학자 정신의학자들은 3세 혹은 6세 이전에 중요한 사람(특히 부모 역할자)과 맺었던 초기 행동양식이 성인생활에서 타인에게 옮겨져 긍정적, 부정적으로 작용한다고 보았다. 예를 들면, 어릴 때 어머니가 감독자처럼 굴었고 자신은 감독자의 감시를 받았던 관계를 맺었던 아이는 성인이 되었을 때도 어른을 경계하고 일단 간섭을 받기 싫다는 거부감을 자주 느끼게 된다. 그로 인하여 직장동료나 친구들과는 평소에 잘 지내지만 그들이 약간의 윗사람 역할로서 다가온다든지 감독자 같은 자극이 주어지면 어린 시절에 느꼈던 경계심과 거부감을 반복적으로 느끼기 쉽다. 또 자신보다 더 강한 윗사람에게 힘으로서 고통 받았던 사람은 살아가는 동안 지속되는 권위적인 사람

(직장상사, 선생님, 높은 지위를 가진 사람, 힘이나 권력을 지닌 사람 등)에 대한 두려움과 증오의 감정을 가지기도 한다. 그리고 자라면서 지나친 존중과 인정을 받았던 사람은 그와 같은 인정이 들어오지 않으면 쉽게 의기소침해 하고 질투하는 모습도 보인다. 건강한 사랑과 관심을 받았다고 느끼는 사람은 대인관계에서 비교적 너그럽고 온화한 감정을 지니기 때문에 행동양식이 편안하고 원만하다고 보았다.

그러므로 어린 시절 특히 6세 이전의 잘못된 양육방식(예 ; 배척. 박탈. 조건적인 사랑. 유혹. 죄의식. 수치감을 유발하는 훈육태도, 신체적 위협 그리고 과잉보호나 방임 등)은 자녀에게 짜증이나 고집, 신경증과 노이로제와 같은 다양한 감정을 유발시키는 요인이 된다는 것이다(Dewald, 1969 ; Saul, 1977). 이러한 잘못된 방식이 6세 이후에도 계속될 경우에는, 어른이 될 때까지 지속적인 영향이 가면서 다음 세대로 이어지는 상태는 허다하다고 본다. 대부분의 경우 부모와의 상호관계에서 발생하는 위의 감정은 일생동안 지속된다. 그로인한 여러 가지 감정이 발생하지만, 어릴 때는 자아가 약하므로 주위에서 힘껏 도와주지 않으면 자신 주변의 상황을 이해하지 못하고 말로 표현하지 못하고 대부분 억압되어 버린다(잠재되고 억압되었던 감정들은 대인관계 속에서, 유사한 상황일 때 서서히 표출되면서 타인에게 옮겨진다).

특히 출생 당시부터 어린이는 선천적인 충동과 반응에 따라 그 곁에 가까이 있는 인물과 거의 본능적으로 상호 작용한다. 이러한 상호작용은 6-7세에 이르러 개인의 기초가 되는 양식을 만들어 내며, 그것은 개인마다 독특한 것이다. 어떤 사람도 동일한 기질이나 운동성, 지능, 기타 태도를 갖추고 태어나지 않고, 또 임신부터 6세까지 아이 주변의 상황(인물이나 사건 등)에서 감정, 신체적 상태, 기타 조건이 동일한 것은 거의 없기 때문에 개인의 독특성이 형성된다(Corey, 1986).

초기생활에서 형성된 타인과의 상호작용 양식은 아래와 같이 개인의 독특성을 형성하면서 나머지 일생 동안 그 주된(핵심) 양식으로 굳어 변화되지 않고 지속된다(Corey, 1986). 이 때 이러한 양식이 바람직한 경우라면 성숙을 촉진하는 방향으로 개인의 성인생활에 영향을 준다. 그러나 만약 문제가 되는 요소가 내포되어 있다면 이 양식은 정도의 차이는 있겠으나 정신적인 장애가 될 수 있다. 즉, 약한 자아를 지닌 어린 시절의 감정양식을 그 당시에 제대로

소화해 내지 못하여 정상적인 자아를 지녀야 하는 어른에 이르러서도 끊임없이 그것이 반복해서 일어나게 되는 것이다.

과거의 감정흐름이 '지금 여기'에서도 내면에 자리잡아 현실적인 상태에서 끊임없이 반복적으로 일어나는 감정양식을 정신역동(Psychodynamic)이라고 한다. 이것은 긍정적으로도 작용되며, 부정적으로도 작용된다. 따라서 정신역동적 상담은 문제가 되는 왜곡된 과거의 생활양식이 현실에서 반복되지 않도록 노력해 보는 과정이라고 볼 수 있다. 이 과정은 정신역동적 상담이론을 대인관계에 접목시켜 나 자신의 성숙된 양식은 인정하면서 발전시키고, 왜곡된 감정에 의한 행동양식은 현실감 있게 바꾸도록 드와주게 될 것이다.

따라서 정신역동적 접근에서 살펴볼 수 있는 대인관계 개선의 구체적인 목표를 살펴보면 다음과 같다.

첫째, 나 자신의 현재 대인관계 방식을 정확하게 진단한다.

둘째, 나 자신은 물론 상대방의 정신역동을 이해한다.

셋째, 상대방의 행동변화에 초점을 맞추지 않고, 내가 책임져야 할 부분을 인식한다.

넷째, 건강한 관계방식은 발전시키고, 개선하여야 할 부분은 해결방법을 모색한다.

결국 대인관계에서 나에게 현실적으로 문제가 되는 상대방에 대한 감정과 자신의 옛 감정을 명확하게 분리시켜, 상대에게 갖는 감정을 어른답게 성숙시킴으로써 자동화된 무의식적인 대처방식을 현실적인 적절한 대처방식으로 바꾸도록 하는 것이 대인관계 개선의 종합적인 목표가 된다.

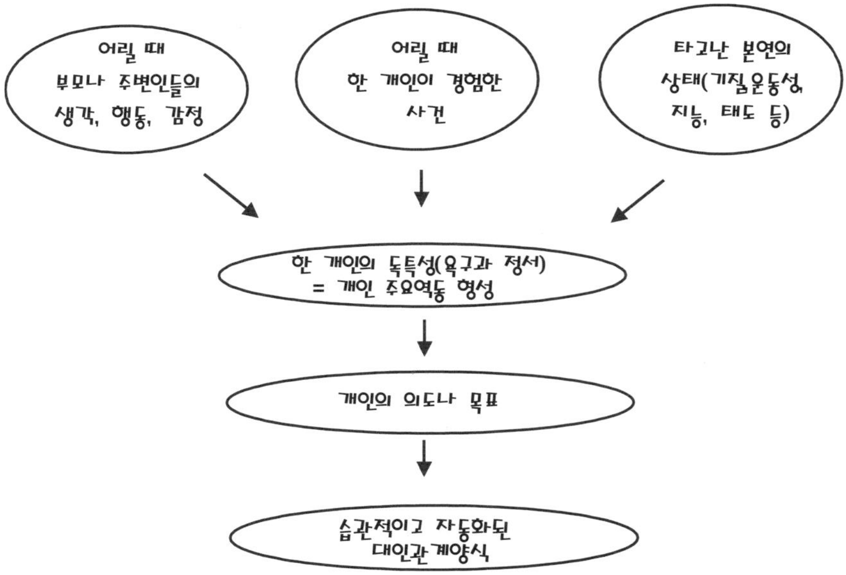

[그림 1] 대인관계양식의 배경

구체적인 사례를 통하여 대인관계 개선의 '정신역동'적 이해를 생각하여 보자.

> 나는 친구가 많지 않거니와 친해지기까지는 꽤 오랜 시간이 걸린다. 일단 나를 알고, 관계를 맺은 친구는 나를 꽤나 좋아하지만...
>
> 나는 사람을 만나면 함께 즐겁게 즐기기보다 우선 드는 마음이 잘 보이고 싶고, 예쁘게 보이고 싶다. 이 밑마음은 무엇일까? 나도 사랑받고 싶다. '나도 아무 조건 없이 나 자체로 사랑받고 싶어. 아무 것도 하지 않아도, 말 잘 듣지 않아도… 그냥 나 좀 사랑해 줘!' 이 마음 일진데… 나는 한번도 조건없이 사랑받고, 수용된 적이 없기에 그 말조차 못하고 살았다. 바보같이.
>
> 그 말하는 것이 무어 그리 힘들어 그랬는지. 그 말한다고 해서, 내가 낮아지는 것도 자존심이 상하는 것도 아닌데. 그 말은 꺼내지도 못하고, 상대에게 그토록 분노하고, 공격하고… 나의 그 모습에 다들 애구 무서버라 도망가자~ 했으니. 나는 또 얼마나 외롭고 억울했겠는가.
>
> 나는 언니, 오빠, 여동생, 남동생 2남 3녀 한가운데 끼어. 어릴 적 기억은 별로 하고 싶지도 않지만 지금도 기억에 남는 것은 언니와 싸우면 왜 조그

만 게 언니에게 대드냐고 혼나고, 여동생과 싸우면 언니가 좀 참지! 하고 또 혼나고, 오빠와는 직접적으로 싸운 기억은 없지만 두 살 위의 오빠가 교통사고로 나와 같은 학년으로 공부하면서,

"가시나가 기가 세고, 공부 잘 하믄 머슴아 기죽인다."

"저 놈의 가시나들 땜에 머슴아 기죽인데이"

그래서 어느 해 여름방학에는 집안에 방을 두고 딸 세 명만 밥은 집에서 먹고 집 근처의 셋방에 있은 적도 기억난다. 그 때문인지 나는 내가 여자인 게 싫어서 중·고등학교 시절 남자처럼 행동했고, 중성적인 이미지가 강했다.

집안은 늘 엄마의 짜증과 한숨과 지겹다는 소리로... 내가 언제 저것들 다 밑천할꼬?

오빠의 짜증과 그 뒤의 고요로… 또 내게는 언니의 심부름으로…

집안은 내가 편히 쉴 만한 곳이 아니었고, 나는 늘 밖으로 돌아다녔다. 산으로 들로 친척집으로 학교로…

나는 늘 내가 소중한 존재인지 몰랐고, 잘 해도 잘 했는지도 몰랐고, 이렇게라도 하지 않으면 안 될 것 같은 두려움(전전긍긍)으로 늘 무엇인가를 했던 것 같다.

초등학교 때의 기억으로 잘 사는 친척 중에 자식이 없는 분에게 나를 보낸다고 한 적이 있다. 언니는 나이가 많고 동생은 너무 어리고 내가 나이가 적당하다고. 부모님은 그냥 아무 생각없이 한 말씀이지만 어린 나에게는 큰 상처였나 보다.

주요내용

하나, 과거의 감정흐름이 '지금 여기'에서도 내면에 자리잡아 현실적인 상태에서 끊임없이 반복적으로 일어나는 감정양식을 정신역동(Psychodynamic)이라고 한다.

둘, 대인관계에서 나에게 현실적으로 문제가 되는 상대방에 대한 감정과 자신의 옛 감정을 명확하게 분리시켜야 한다. 그렇게 되면 상대에게 갖는 감정을 어른답게 성숙시킬 수 있고, 자동화된 무의식적인 대처방식을 현실적인 적절한 대처방식으로 바꿀 수 있다. 바로 이것이 정신역동적 접근에서 추구하는 대인관계 개선의 종합적인 목표가 된다.

3. 대인관계 방식 이해

*실행; 자신의 「대인관계」 방식의 이해를 위하여 다음의 내용을 참고하여 토론해 보자.

1. 가족관계 속에서 가장 잘 융화되는 인물, 부딪치는 인물은 누구인가?

2. 구체적으로 그 인물들의 어떤 부분인가?

3. 사회관계(학교, 직장이나 기타)속에서 가장 잘 융화되는 인물, 부딪치는 인물은 누구인가?

4. 구체적으로 그 인물들의 어떤 부분인가?

4. 자기탐색 사례

1. 신경질 잘 내는 우리집 아이

조금은 막막한 상태에서 어떻게 하면 신경질 내는 우리아이를 잘 키울 수 있을까 하는 바램으로 이 교육을 접하였다. 늘 아이의 떼쓰는 모습 그 결과만을 두고 속상해 하였고 나의 급한 성격이 좀 더 느긋해졌으면 하는 바램도 있었다.

이런 상태를 염두에 두면서 왜 나는 아이와 이렇게 힘겨루기를 하면서 속상해 하는가에 대하여 우선적으르 탐색하여 보았다. 우선 나의 내면의 감정의 흐름을 보려고 노력하였다. 아이의 문제행동의 원인 자체가 그 아이의 특징도 있지만 나의 양육방식과 관련된 문제가 많았으므로... 나의 행동자체를 분석하기 위한 내면의 정신역동(감정세력)을 보는 작업인 것 같다. 이 작업은 눈에 보이지 않게 서서히 나의 마음을 열리게 하고 감정을 객관적으로 들여다보는 계기가 될 것 같은 예감이 든다. 아직은 잘 모르겠으나...

아마도 이러한 작업은 우리 아이의 행동원인을 이해하는 데에 도움을 받게 될 것 같다. 그렇게 생각해서 그런지는 몰라도, 지금까지 결과에만 초점을 맞추어 아이를 닦달하는 방식에서 그 원인에 관심을 가지고 쳐다보니까 저절로 아이가 이해가 되고, 오히려 예쁘게 보이기까지 한다. 특별한 기술과 방법을 쓰지 않고 이해해 주려는 나의 노력 그 자체가 아이의 행동을 바꾸게 하는 요인이 되지 않을까 여겨진다.

내가 이렇게 교육까지 받으면서 노력한다는 그 사실 자체가 기특하였던지, 남편도 예전에는 아이에게 본인이 피곤하면 거절하던 부분도 아이를 대하는 태도가 나의 변화하려는 자세와 함께 서서히 달라지기 시작한다. 아이와의 유대를 생각하여 같이 바둑도 두고 놀아주고 아이가 원하는 곳으로 데려가 주고 아이의 비중이 많이 커진 것 같다.

제대로 이해한다는 것이 이렇게 전문적일 줄은 미처 몰랐다. 이해... 라는 말은 정말 많이 쓰는 말인데... "진정한 이해를 통하여 살려지는 사람이 많다. 자신과 타인을..." 라는 선생님의 말씀이 실감난다.

큰 아이도 작은 아이에게 관심이 커졌다. 서로에게 상처가 되지 않도록 각각의 아이와 대화의 시간을 많이 가지려고 노력한 결과 아이들의 모습이 밝아진 것 같다.

글쓰는 연습을 많이 하지 않아 배우면서 힘든 부분이 있었으나 나를 찾아간다는 게 좋고, 나를 찾아간다는 일이 내면의 갈등을 유발하는 것이기도 하겠지만, 그 정도의 갈등은 나와 아이와의 갈등을 생각하여 보면 아무것도 아니겠지. 이제 처음이니 지속적으로 내 자신에 대한 탐색노력을 게을리 하지 말아야겠다.

2. 혼자 있을 때는 불안 우울하고, 상대방과 있을 때는 공격적인 나 자신의 모습...

첫 수업이지만, 저는 지난 수업에서 자신을 보는 기회가 되었는데요. 음... 살아오면서 전 대인관계에 참으로 어려움을 많이 느꼈어요. 지금도 그렇지만 사람들과 뭔가 잘 섞이지 못하고 저만이 느끼는 독특한 느낌들 때문에 많이 괴롭고 그랬거든요. 그런데 '정신역동'이라는 단어의 의미를 알게 되면서 어렴풋이(추측이지만) 제 나름대로 이유를 알겠더라구요.

제가 참 공격적인 인간이더군요.

어려서 엄마와의 관계가 좋지 못해서인지 착한 사람을 못 견뎌하는 공격적인 인간성을 가지고 있으면서, 아울러 혼자 있으면 괜히 불안해하고 우울해 합니다.

공부하면서 어쩌면 제 마음을 표현한 구절들이 얼마나 많은지 읽으면서 혼자서 많이 울었어요. 그런데 수업 중에 대인관계에서 저같이 공격적인 사람들은 같이 오랜 시간 만나지 않는 것이 최선이라고 생각되더라구요. 얼마나 상대가 불편하겠어요. 제가 상대의 입장이라도... 그럼 전 어쩝니까? 개선의 여지가 있나요? 사실 지금까지 살아온 것처럼 마음으로 더 이상은 힘들게 살고 싶지 않거든요.

제가 대단히 공격적인 껍질을 두껍게 입고 편견으로 사람들을 많이 대해 왔다는 사실을 자각하고 참으로 충격적이었어요. 그래서 두렵기도 해요. 나 자신이 이렇게까지 나빴었나 하는 죄의식도 들구요. 그리고 주변사람들에게 미안한 마음도 듭니다. 저 때문에 얼마나 많이 피곤했겠어요. 물론 우리 아이는 말할 것도 없구요. 앞으로는 잘 살고 싶은데 잘 될지 모르겠어요. 개인적으로 엄마와의 감정처리를 잘 해야 제가 살 길이라고 생각하거든요. 이상하게 아이를 키우면서 엄마에 대한 서운함이 더 절절해지더라구요. 엄마는 변할 수 없으니 제가 변해야겠지만 그게 얼마나 어려운 일인지 새삼 느끼는 요즘입니다.

솔직히 엄마가 얼마나 미운지 몰라요. 엄마 때문에 운 밤이 얼마나 많은지 모릅니다. 결혼 전에도 그랬고 결혼하고 나서도 그랬어요. 하지만 엄마는 언제나 당당하죠. 그런 엄마가 더 밉고 이젠 정말 연락하기도 싫어요. 하지만 세상은 나를 그렇게 놔두지 않죠. 그래도 부모니까... 제가 먼저 전화해야 하고 전 언제나 죄인 같잖아요? 자꾸 눈물이 나서 더 못쓰겠어요. 다음 번에 쓰겠습니다. 제 공격성으로 다른 사람이 더 이상 상처받지 않기를 그리고 제가 좀 더 성숙한 인간이 되기를 간절히 바라면서...

제2장

정신건강과 대상관계

나의 감정을 자각한다는 것은
나를 아는 첫걸음…

1. 정신건강 : 감정자각의 중요성

인간의 감정은 매우 다양하지만 대부분 대인관계의 맥락에서 체험되는 것이다. 혹자는 대인관계에서 일어나는 상황에 대하여, 서로 사고방식이 달라서, 자라온 환경이 달라서, 성격이 달라서... 등등 다양하게 그 원인을 분석하곤 한다. 그 각각은 다 의미가 있을 것이다. 한 인간을 제대로 이해한다는 것은 그리 단순한 차원은 아니다. 하지만 우선적으로 중요한 부분은 상대의 심리적 상태, 말하자면 감정적 상태를 살펴보는 것이 도움이 된다. 그 상태는 한 개인의 지닌 개별적 특징의 기본으로서, 그의 정신건강과 밀접한 관련성을 가지고 있다. 그런 의미에서 우선 디월드(Dewald, 1969)가 제시한 정신병리와 대비된 정신건강의 개념이 정서상태와 어떤 관련성을 가지고 있는지를 살펴보고자 한다.

정신건강 면에서 볼 때 어떤 사람이 정서적으로 성숙되어 있는가 그렇지 않은가 하는 표준의 하나는 감정적으로 억압하지 않으면서 외부의 다양한 압력에 대해서 얼마나 잘 적응하느냐 하는 것이다. 다른 말로 표현한다면, 여러 가지 내·외적 갈등에 직면했을 때 감정적으로 평정을 잃지 않으면서 상황에 적절하게 대처하는 융통성을 얼마나 잘 갖추고 있느냐 하는 것이다. 신경증이나 노이로제 등의 정신병리란 이 균형의 유지가 더 이상 가능하지 않을 때, 즉 지나치게 억압하거나 지나치게 폭발할 때 나타나게 되는 것이다. 그 이유는 외부에서 그 개인에게 작용하는 힘이 지나치게 강하였기 때문이거나, 그 사람의 대처방식이 감정적인 균형을 유지할 수 있을 만큼 효과적이지 못했기 때문이다.

정신건강이나 정서적 성숙이라는 말은 어떤 감정이 없다거나, 어떤 심리적 반응이 없다는 뜻이 아니다. 인간생활에는 누구에게나 여러 가지 일이 불가피하게 일어나기 마련이다. 정서적으로 건강한 사람도 다양한 종류의 반응이나 감정을 느끼는 것이다. 예를 들면 기쁨이나 사랑, 행복이나 자랑스러움을 느낄 수도 있고, 슬픔, 원한 그리고 분노를 느낄 수도 있으며 또 잘못한 일에 대해서는 창피하다거나 죄스럽다고 하는 부정적 감정도 느끼는 것이다. 그러나 감정적으로 건강한 사람의 품질보증서는 이런 여러 가지 정서반응이 그 사람이 직면하고 있는 사건, 갈등, 상황 그리고 문제점과 비례한다는 점이고, 또 그가 경험하고 있는 현실을 크게 왜곡하고 있지 않다는 점이다.

다시 말하면, 정서적으로 건강한 사람이란 자신의 감정을 외면하지 않고 그 감정을 있는 그대로 느끼는 사람을 말한다. 그런 사람을 살펴보면, 그 감정이 과거경험에 의해서 작용하지 않고 주로 자기의 현재생활에서 일어나고 있는 여러 가지 일들에 대한 반응이라는 점을 알 수 있다. 그러므로 그 감정은 현재의 생활 여건이나 위기, 현재의 사건이나 관계가 변화되면 거기에 알맞게 변화한다는 점이다. 즉, 감정을 느끼고 자각하되, 그 감정의 세력(정신역동)에 휘말려서 이성을 잃지 않는 사람이 건강한 사람의 특징인 것이다.

이것과는 반대로 문제시되는 사람의 행동에는 현재의 외부상황과 갈등이 비례적으로 연관되어 있지 않다는 사실이다. 즉, 부적응적인 상태가 나타나게 된다는 뜻인데, 이것을 전문용어로는 신경증, 인격장애, 성격장애 또는 심지어 정신병의 상태라고까지 말한다.

예컨대, 자녀가 학교에서 일어난 어떤 사건에 대해 분개하고 있는 감정의 정도가 '5' 수준이라고 보면, '5' 수준 정도에서 아이를 이해하고 함께 공감하면 건강하다는 의미다. 만약 아이는 '5' 정도로 분개하고 있는데 '뭐 그 정도 가지고 그렇게까지 난리냐? 괜찮다... 걱정하지 마라...'는 식의 '0-1' 정도로 축소반응 한다든지, 더 화가 나서 '당장 가만 두지 않겠다'는 식의 '7-8' 수준으로 과잉반응 하는 것은 모두 적절치 못하다는 뜻이다.

현실에 적절한 감정이 흐르지 않고 부조화된 감정이 흐르는 상태... 대인관계에서 많은 사람들은 상대방의 상태에 대해 확대 해석하거나 축소해 버리는 것이 과거의 감정(옛날의 경험에서 적절하게 분리되지 못하는 자신의 감정) 때문이라는 사실을 자각하지 못하는 경우가 많다.

그렇다면 자신의 감정이 외부의 자극과 비례적인지 그렇지 않은지를 알아보기 위한 첫 번째 과정은 무엇이겠는가!

바로 감정 알아차림이다. '알아차림'은 모든 것의 시발점이다. 옳고 그르고의 판단에 앞서서 '알아차리는 작업'부터 세상의 모든 어려움의 극복이 시작된다고 해도 과언이 아니다. '감정의 알아차림'은 스스로가 자신의 감정을 자각하는 능력을 말한다. 감정자각은 자신을 아는 첫 걸음으로서, 가족이나 직장동료 등 주위사람들에 대한 자신의 감정 상태를 스스로 느끼는 것이다. 자기 자신의 감정을 자각하지 못하고 자신의 감정을 다룬다는 것은 적을 알지 못하고 적을 다루는 이치와 꼭 같은 것이다. 감정자각은 내면의 감정움직임에 대한 원인을 발견해 낼 수 있도록 하는 중요한 도구가 된다. 따라서 감정을 자각한다는 의미는 상대방에 대한 자신의 감정상태를 받아들이고, 그 원인을 이해하고, 깨닫는 데 필요한 기본적 도구인 것이며, 이것은 성숙한 인간으로 나아가는 첫 걸음이 되는 것이다.

자신의 감정을 느끼고 자각하지 못하는 사람이, 어떻게 대상의 감정을 이해할 수 있으며, 자신의 감정을 조절할 수 있을 것인가? 또 감정을 조절하지 못하는 사람이 어떻게 대상과의 관계에서 지혜로울 수 있겠는가?

요약한다면 다음과 같다.

첫째, 자신의 감정상태를 가만히 들여다보고 그것을 자각하게 되면,

둘째, 그 감정의 원인을 탐색하는 과정을 겪게 되면서,

셋째, 자신이 주위사람들에게 느끼는 감정의 원인을 객관적으로 진단할 수 있게 되고,

넷째, 그러한 발견을 통하여 자신의 행위를 의식적으로 통제할 수 있게 된다.

주요내용

하나, 정서적으로 건강한 사람의 품질보증서는 여러 가지 정서반응이 그 사람이 직면하고 있는 사건, 갈등, 상황 그리고 문제점과 비례하며, 또 그가 경험하고 있는 현실을 크게 왜곡하고 있지 않다는 점이다.

둘, 대인관계에서 많은 사람들은 상대방의 상태에 대해 확대 해석하거나 축소해 버리는 것이 과거의 감정(옛날의 경험에서 적절하게 분리되지 못하는 자신의 감정) 때문이라는 사실을 자각하지 못하는 경우가 많다.

셋, 자기 자신의 감정을 자각하지 못하고 자신의 감정을 다룬다는 것은 적을 알지 못하고 적을 다루는 이치와 꼭 같은 것이다. 감정자각은 내면의 감정움직임에 대한 원인을 발견해낼 수 있도록 하는 중요한 도구가 된다.

* 뒷 페이지 「감정을 표현하는 어휘들」을 참고하여 「생활에서의 나의 감정」을 강의자의 지시에 따라 직접 실습해 보고 토론해 보자.

감정을 표현하는 어휘들

긍정적 표현들

상큼하다	기분좋다	반갑다	행복하다	흐뭇하다
기발하다	사랑스럽다	자랑스럽다	뿌듯하다	눈물겹다
가볍다	짜릿하다	뭉클하다	포근하다	시원하다
통쾌하다	기발하다	감격스럽다	담담하다	푸짐하다
편안하다	위안이 된다	든든하다	태연하다	온화하다
신바람나다	근사하다	멋있다	상쾌하다	아늑하다
재미있다	간절하다	원하다	진지하다	고무적이다
고상하다	신뢰감이 든다	감사하다	부럽다	신기하다

부정적인 표현들

분하다	답답하다	억울하다	서운하다	섭섭하다
불쾌하다	밉다	얄밉다	슬프다	서글프다
애석하다	아쉽다	괘씸하다	당황스럽다	허탈하다
실망스럽다	처량하다	고독하다	외롭다	울적하다
속상하다	울화가 치밀다	부끄럽다	민망하다	복수심을 느끼다
겸연쩍다	멋적다	불안하다	초조하다	긴장되다
조심스럽다	걱정되다	불쌍하다	절망적이다	원망스럽다
후회스럽다	참담하다	처절하다	자책을 느끼다	북받치다
가슴아프다	조급해지다	가엾다	쓰라리다	혐오감을 느낀다
울고싶다	겁나다	두렵다	무섭다	쓸쓸하다
떨떠름하다	짜증스럽다	놀랍다	야속하다	거부감을 느끼다
신경질나다	몸서리치다	소름끼치다	전율을 느끼다	저항감을 느끼다
가소롭다	불만스럽다	지겹다	권태를 느끼다	거슬린다
어이없다	주눅들다	싫다	위축되다	배신감을 느끼다
썰렁하다	뻘쭘하다	혼내주고싶다	치사하다	유치하다

비유적 표현들

세상이 끝난 듯한	뭐가 뭔지 알 수 없는	암담한 심정
하늘이 무너지는 듯한	태산을 짊어진 듯 무거운 심정	몸둘 바를 모르는
평가를 받는 듯한	뒷전에 물러난 듯이 소외된	갑자기 한 대 맞은 듯한
마음이 확 열리는	넓은 들판에 홀로 선 듯이 황량한	비난받을 것 같은
혼돈스러운	보살핌을 받는 듯한	흥분될 것 같은
머리끝이 곤두서는	가슴이 찢어지는	정신이 번쩍 드는
덫에 걸린 느낌	막다른 골목에 선 듯한	미궁에 빠진 듯한
뭔가 저지르고 싶은	무지개처럼 아스라한	가슴이 찡한
눈물이 나려 한다	오싹 소름 끼치는	간담이 서늘해지는
솜털처럼 가벼워진	아무 소용없는 사람인 것 같은	분발심이 나오는
양다리 걸친 것 같은	더 이상 좋은 것이 없는 듯한	가을에 농부가 추수하는
마음을 닫고 싶은	양쪽에서 찢겨지는 듯한	바다가 내가슴에 안기는
병든 닭 조는 듯하다	물 만난 고기같다	미칠 지경인

2. 대상관계 이론

'대상관계'라는 말은 프로이드(Freud)가 대상을 타인이라고 표현한 데서 유래되었고(Greenberg & Michell, 1983), 전통적인 용어로서의 대상은 어린이에게 중요한 존재를 언급하며 성인이 되어 애착을 갖게 되는 존재라고 말했다(Corey, 1986). 즉, 프로이드(Freud)는 본능적 충동을 만족시키기 위하여 개인이 선택하는 대상을 기술하기 위해 '대상관계'라는 말을 사용하게 되었는데(Horner, 1984), 그것은 사람이나 물건의 내적 이미지를 뜻하고 있다. 정신분석을 비롯한 제반 심리상담의 중요한 목표는 내담자의 왜곡된 대상관계를 교정하는 것이라 해도 과언이 아니다. 대부분의 대상관계 이론가들(Fairbairn, 1952, 1954: Winnicott, 1958, 1971, 1987, 1990: Klein, 1961, 1975: Kernberg, 1966, 1975: Mahler, 1968, 1975: Kohut, 1971: Masterson, 1981: Greenberg & Mitchell, 1983: Hamilton, 1994)은 어린 시절(생후 3년간)에 가족과의 관계에서 내적인 욕구를 어떤 식으로 해결했는지에 따라 정신의 심층부분이 형성된다고 하였으며, 이 욕구의 해결과정에서 부모 그 중에서도 특히 어머니(어머니역할)와의 관계는 그 후 모든 관계의 기본이 된다고 보았다.

타라초우(Tarachow, 1963)는 인간이 대상관계를 갖게 되는 중요한 원인은 어머니와의 공생관계를 회복하기 위해서라고 보았다. 그는 "대상관계를 시작하는 것은 어머니에게서 공생유대가 깨어지는 불행한 순간부터이며 공생적이고 외상이 없었던 시기로 되돌아가기 위해서 인간은 동일시와 대상관계의 두 기술을 사용한다. 동일시는 내부로부터 공생관계를 회복하는 것이고 대상관계는 외부에서 이 관계를 회복하는 것이다"라고 하였다. 이 두 가지는 인간이 완전히 성숙하여 대상에 집착하지 않을 때까지 계속한다고 보았다. 결국 대상관계이론이란 자기표상과 어머니로 대표되는 타인표상간의 관계의 특질이라고 요약된다(Horner, 1984: Kim, B., 1995).

그 외 많은 학자들도 최초의 부모-자녀관계, 즉 영·유아와 그 대상과의 관계의 중요성을 강조했다.

크레인(Klein, 1975)은 인간의 신경증의 근원을 생의 첫 해에 두고, 생의 최초 1년 동안 발생하는 어려움의 주 원천을 영아가 가장 중요한 대상에 대해 본래부터 지니고 나오는 양가감정이라고 보았다. 즉, 모든 유아는 애정 대상에게 사랑을 갈망하기도 하고, 또 그 대상을 잃을까 두려워하는 상태를 반복적으로 경험하면서, 서서히 책임을 받아들이고 보상을 받음으로써 그 감정들을 극복한다. 그러나 만약 유아기 때의 감정과 적절하게 타협하지 못한 사람들은 안정된 내적 영상(image)을 형성하지 못한다. 즉, 항상 자기가 충분하게 사랑받지 못했다고 느끼고, 우울한 입장으로 되돌아가면, 직장생활을 하는 어른이 되어서도 그 때의 상실감, 슬픔, 죄의식, 불안 및 낮은 자존감을 갖게 된다는 것이다. 그러나, 떨어지기 싫어서 마구 떼를 썻으나 언제나 약속대로 되돌아오는 중요대상을 반복적으로 경험하다보면, 그리고 더 사랑받고 안심된 감정을 보상으로 받게 되면, 처음에 두렵고 슬펐던 감정을 극복하게 되면서, 오히려 바람직한 분리현상을 경험하는 초석이 되기도 한다.

패어바이런(Fairbairn, 1952)은 자기(self)란 그 개인에게 중요했던 과거 사람들이 나의 상들(images)을 어떻게 표현 혹은 전달되었는가 하는 것이 내면화되어 구성된 형태로 이루어진다고 언급했다. 그리고 이들 내재화된 초기관계들과 그로 인해 일어나는 감정들이 현재 한 인간의 정서상태 라고 보았다. 만약 엄마가 아이를 아이의 입장에서(엄마의 입장에서 사랑하는 것이 아니라, 아이의 상태를 민감하게 알아차려서) 사랑하지 못하고 또 자발적이고도 진실한 애정을 아이에게 표현하지 못하면(반어법을 사용한다든지, 아이의 관심을 무시한다든지 등) 아이는 애정(이 때 애정은 훗날 건강한 자아구조의 기초가 됨)을 내면화할 수 없게 된다. 이로 인하여 아이는 자신의 자아(자기)의 실재를 확신하지 못하여 자기과시나 자기열등감에 빠지게 되고, 또 다시 그것이 원인이 되어 영구적인 상실감, 허전함, 외로움, 쓸쓸함 등을 느끼기 때문에 대인관계에서 문제가 발생한다고 주장하였다.

위니컷(Winnicott, 1958)은 가장 초기 단계의 엄마-아이의 관계에 관심을 두고, 아이의 성격 발달을 위해 '충분히 좋은' 엄마 역할(good-enough mothering)을 하는 것이 중요하다고 강조했다. (여기서 엄마란, 엄마역할자와 동일한 개념임.) 즉, '충분히 좋은' 엄마 역할은 처음에는 엄마를 전능하게 느끼도록 허용한 후에 아이가 자기의 욕구좌절과 대상(엄마)에서의 분리경험을 참을 수 있게 되면 이러한 환상을 점차 포기하게 되는 상태를 뜻한다. 이 때 분리가 일어나면 아이는 자기의 욕구와 주도성을 표현하게 되며, 이것이 자기상(self-image)이 출현하는 기초가 된다. 이 때 간섭을 너무 많이 하는 엄마는 자녀의 주도성을 방해하고 자기상의 발달을 저해하며, 거리감이 심한 엄마는 자녀(유아)의 마음속에 엄마에 대한 내적 표상을 사라지게 하여 그 결과 외적 환경의 요구에 순응 혹은 공격을 일삼는 사람이 되어 버릴 수 있다고 보았다. 따라서 그들은 성인이 되더라도 그 순응적 혹은 공격적이고 비판적인 껍질을 통해서 세계와 관계를 맺음으로써 그들 자신이나 남들에게 진실하지 못할 수 있다고 보았다. 대인관계에서 친밀하고 진실된 관계를 맺지 못하는 원인도 이런 사실과 관련이 있다.

특히 위니컷(Winnicott, 1971, 1987)은 아이들이 열중하는 놀이를 중간현상(약 4-6개월부터 8-12개월 사이에 천, 담요, 손가락, 보푸라기, 맘마 웅얼거림 등 최초의 소유물과 같은 중간대상을 통해 적절한 분리를 경험하는 단계: 이 중간대상은 기본적으로는 엄마의 대리물이다)의 확장으로 보았다. 놀이에 대한 의견을 들어보자(이재훈 역, 1997).

"놀 수 있는 아이의 능력에 많은 가능성을 두라. 어린이가 잘 논다면 한 두 가지의 증세를 감당할 수 있는 여지가 있다. 또한 혼자서도 놀 수 있고, 다른 아이들과 함께 놀이를 즐길 수도 있다면 심각하게 진행되는 문제는 없다. 이 놀이에서 풍부한 상상력이 사용되고, 외적 실체를 정확히 지각하는 게임에서 즐거움을 얻는다면, 설령 문제의 아이가 이불에 오줌을 싸고, 말을 더듬고, 짜증을 부리고, 또는 반복적으로 성을 내며 공격적이 되거나 우울증을 경험하는 문제가 있더라도 만족하는 삶을 가질 수 있을 것이다. 이 아이가 적당히 안정되고 좋은 환경이 주어지면, 놀이는 삶의 개인적인 방식을 발달시킬 수 있으며 결국 온전한 인간, 즉 세상에서 환영받으며 그 사람 자체로서 필요한 인간이 될 수 있다는 것을 보여준다."

여기서 논다는 것은 무엇을 의미하는가? 바로 대인관계를 잘 하고 있다는 뜻이다. 그러므로 다른 여타의 문제가 있다고 할지라도 잘 놀고 있다는 것은 관계할 수 있는 능력이 습득되었다는 뜻이므로 앞으로의 생활에 큰 문제점은 없을 것으로 보는 것이다. 어른이 되어서도 '제대로' 놀지 못하는 문제점이 얼마나 많은 가를 생각해보면 '어린시기의 놀이'가 얼마나 중요한지를 새삼 느끼게 된다. 과업중심적인 생활, 그리고 과업을 통한 사회적 성공의 삶을 최대의 바람직한 길이라고 생각하였던 어른, 나이가 들어 외롭고 고독하고 의미없는 노년기를 맞이한 사람들은 한 두사람이 아니리라 본다. 이것은 바로 '건강한 놀이'의 개념을 알지 못한채, 그저 '일' 중심으로 어릴적부터 길러졌기 때문일 것이다.

위니컷(Winnicott)등의 대상관계이론을 통해서 아동의 심리치료를 담당하는 학자들은 아동치료의 70-80%는 공격성의 문제라고 보았다. 이 공격성은 수동적 공격(게으름, 태만, 침묵, 무기력 등) 과 능동적 공격(짜증, 고함, 폭력, 싸움 등)으로 나누어진다. 대분의 사람들은 능동적인 공격을 '공격성'이라고 표현하는데, 임상장면에서는 능동적 공격성도 문제가 되지만, 수동적 공격성이 더 큰 문제로 제기되기도 한다.

태아 때부터 나타나는 아이의 공격성은 대체로 능동적 공격성인데, 이 공격성은 생명력의 표현이요, 힘이요, 삶의 중요한 한 요소이다. 이것이 없으면 아이는 생존의 보존을 하기 어려울 정도로 중요한 힘이다. 그러므로 부모는 이를 버텨주는 힘을 가지면서 인격 속에 통합되도록 사랑의 요소와 융합시켜야 한다고 한다. 이러한 힘을 잃어버리면 자존심이 낮고 자기주장이 약하며, 성인이 되었을 때는 생생한 현실감각을 잃어버리고 맞서야 될 때 맞서지 못하는 사람으로 변하기 쉽고 심지어 성적흥분장애 (조루증, 불감증 등)등을 유발한다고 보고되고 있다. 대인관계에서는 상대방의 선한 면을 견디지 못하여 공격하고 싶고, 선한 것 자체에 대한 시기심이 발동하여 파괴적인 강력한 충동을 느껴 꼬투리를 잡아 비판하거나, 따지는 등의 행동으로 대치되기도 한다. 이것은 모든 관계에서도 똑같은 현상을 추론할 수 있는 것이다.

아이는 발달과정에서 필연적으로 주관적 세계에서 현실적인 세계로의 변화를 맞이하게 되는데, 이 때 아이들은 본능적으로 공격성을 드러내기도 한다. 바로 이때 엄마는 아이가 공격성을 표현할 때 보복하지 않고(짜증과 신경질, 화 등) 자연스럽게 허용하면 아이는 엄마의 사랑의 힘과 자연스럽게 융합하면서 '진짜 선(Gentleman)'의 인격체로 통합하게 되는 것이다. 한마디로 말하면 공격심의 핵심은 '살아남기 위한 생존전략'이기 때문에 부모 특히 엄마는 '품'을 튼

튼하게 만들어 버텨줘야 한다는 것이며, 건강한 공격성은 참 자기모습으로 발전하도록 도와준다는 것이다.

이 외의 많은 학자들도 유사한 이론을 서술하였는데, 특히 대상관계 이론(object-relation theory)은 어릴 때 부모 또는 주요인물과의 관계가 현재 우리 주변의 대인관계, 또한 사람이외의 관계에서도 밀접한 관련성이 있음을 나타내고 있다.

주요내용

하나, '충분히 좋은' 엄마 역할은 처음에는 엄마를 전능하게 느끼도록 허용한 후에 아이가 자기의 욕구좌절과 대상(엄마)에서의 분리경험을 참을 수 있게 되면 이러한 환상을 점차 포기하게 되는 상태를 뜻한다.

둘, 아이는 발달과정에서 필연적으로 주관적 세계에서 현실적인 세계로의 변화를 맞이하게 되는데, 이 때 특히 엄마는 아이가 공격성을 표현할 때 보복하지 않고(짜증과 신경질, 화 등) 자연스럽게 허용하면 아이는 엄마의 사랑의 힘과 융합하면서 진짜 선(Gentleman)'의 인격체로 통합하게 되는 것이다.

3. 성격장애의 역동성

성격장애의 역동적 이해는 대상관계이론에서 잘 설명되고 있다(Kim, B., 1995: 아동 · 청소년 상담연구회, 1999).

부모-자녀관계를 비롯한 가족상담에 있어서 내담자들은 성격의 문제를 흔히 이야기하며, '어떻게 이해해야 할지 나로서는 알 수 없다'는 것을 표현하고 있다. 고전적인 정신분석적 입장에서는 인간의 기본적인 동기를 설명함에 있어서 충동이나 생래적 욕구가 인간행동의 기본적인 틀이라고 보았다. 그러나 현대의 정신역동이론에서는 본능적인 충동 이외에 인간의 성장과정 특히 아동기의 대인관계, 즉 정서적 관계에 따라 인간의 성격이 어떻게 형성되는가를 강조하였다. 또한 자아(ego)의 적응적 기능이 성격형성의 원동력이라고 보았다. 즉, 인간은 각자의 고유한 생래적인 적응력과 아동기 중요인물과의 상호작용을 통하여 자아의 조직기능이 계발된다. 이로 인하여 어떤 대상에 대한 표상 [이하, 대상표상]이 형성되며, 바로 이것이 한 개인의 성격의 기본단위가 조직된다고 하였다.

일반적인 성격장애라 하면, 불안이나 우울을 주 증상으로 하여 정체감 결여, 타인에 대한 지나친 관심, 주장성 결여, 변덕스런 감정 등으로 나타난다. 말러(Mahler, 1968)는 인간발달단계를 자폐적 단계, 공생적 단계, 분리-개인화 단계로 구분하였다.

생후 약 3개월 이전의 자폐적 단계에 있는 아동은 어머니를 의식하지 못하며 생리적 긴장(배고픔)을 줄이기 위해 오직 생래적 반사에 의해 엄마의 젖을 찾는다. 이 때의 근본적 목표는 생리적 평형을 유지하는 것이다. 그 다음의 공생적 단계에서는(약 3-8개월) 유아는 자기의 욕구를 만족시키는 어떤 사람의 존재를 희미하게 인지하기 시작한다. 물론 아직 엄마를 자기와 분리된 존재로 지각하는 것은 아니다. 마치 자기의 부분인 것처럼 엄마를 지각한다. 이렇게 엄마와 자기가 하나라는 느낌은 미래의 정상적인 발달을 위해 아주 중요하다. 이러한 느낌은 유아가 기본적인 만족감을 얻는 대상관계를 형성할 수 있게 하고, 이 만족감이 경험되어야 평생동안 자기 신뢰, 자기 존중감을 발달시킬 수 있게 된다. 만약 이 공생적 만족감을 얻지 못하면 아동이 대상의 세계에 진입하기가 어렵고, 그 이후에는 정신병을 얻게 되기도 한다.

성격장애를 설명하는 데 직접적인 관련이 있는 발달단계가 바로 마지막 단계인 분리-개인화(separation-individuation)단계이다. 이 단계는 5-6개월부터 시작하여 2살 반경까지 지속된다. 이 단계 동안 아동은 '낯선 자에 대한 공포'(stranger anxiety)와 '분리불안'(separation anxiety)을 경험하면서 자신감도 발달시킨다. 이 시기의 자신감은 공생관계가 주는 만족감, 혼자서도 움직일 수 있는 근육의 발달, 지각, 그리고 기억의 발달 등에 기인하는 것으로 미래의 자존감(self-esteem), 모험에 대한 의지를 발달시키는 기초가 된다. 이 때, 어머니가 독립적 탐구행위를 지나치게 강요하면 아동은 어머니의 애정을 상실할지 모른다는 두려움을 갖게 된다(예, 1세 된 동생을 둔 2-3세 된 아이에게 '너는 형이니까... 너는 누나니까...', '아직 혼자서도 이런 것 못해!' 등).

따라서 이 시기의 어머니의 역할은 안정적인 대상이 되어 줘야 하는데, 엄마의 불안이 높으면 사실상 순조롭게 이루어지지는 않는 경우가 많다. 아이의 입장에서는 어머니로부터 멀리 떨어지고 싶기도 하고, 안전함과 지지를 받고 싶기도 하다. 즉, 어머니를 필요로 하는 한편 어머니의 영향으로 자기의 정체를 잃게 될까 두려워하고 있는 것이다. 이 때 어머니 자신이 자율적이지 못하거나 분리되어 있지 못하면 아동에게 심각한 정신병리를 일으킬 수 있다. 이런 어머니는 아동을 지속적으로 좌절시킬 가능성이 크다. 말하자면 어머니 자신이 두렵고 불안하여 감정의 굴곡이 너무 심한 경향이 있거나, 자녀중심이 아닌 자기중심의 생활이 되거나, 작은 일을 너무 크게 확대하여 자신의 불안함을 투사시켜 대상을 느낀다든지, 자기의 욕구로 인하여 아동의 욕구를 좌절시킬 가능성이 빈번한 상태를 뜻한다. 그럼으로써 아동은 어머니에 대한 경험을 통합적으로 내면화시키지 못할 가능성이 커지면서 훗날 대인지각이 부정일변도가 되어, 대인관계를 중심으로 하는 사회생활에 중대한 결함을 초래하고, 공감능력의 결함, 주장성 결여, 광장공포, 만성적 우울, 충동통제의 결여 등의 심각한 증상을 유발한다.

또 다른 대상관계 이론가인 컨버그(Kernberg, 1975, 1976) 역시, 생후 초기의 대인관계 경험이 내면화하는 과정을 언급하였다. 즉, 내면화의 과정이 바로 성격의 조직과정이라는 점을 설명하였던 것이다. 특히 성격장애와 관련된 대부분의 정신병리는 왜곡된 대상관계, 즉 내면화된 인간관계의 과정이라는 점에서 다른 대상관계 이론가들과 맥락을 같이 하고 있다. 특히 그는 '경계선 성격조직(borderline personality organizations)'을 설명하면서 내면화의 과정을 3단계로 설명하였다. 즉, 자신의 내면에 조직된 자기의 모습과 타인의 이미지의 관련성을 중심으로 한 내사 단계, 확인 단계, 그리고 자아정체 단계로 구분하였다.

내사(introjection) 단계(0~약 10개월)는 가장 초기의 내면화 과정이다. 즉, 내사란 단순히 주로 엄마를 의미하는 환경과의 상호작용에 대한 기억흔적을 의미한다. 직접적이고 꾸며지지 않은 대인관계의 정서적 특질을 반영하는 단순한 기억이다. 이 기억은 3가지 요소, 즉 ① 대상의 이미지 ② 대상과 관련된 자기의 이미지 ③ 그 둘을 연결하는 정서로 구성되어 있다. 이 정서적 특질이란 주로 아동과 어머니와의 상호작용에서 경험한 느낌을 말한다. 간단히 말해서 내사란 정서에 의해서 결정되는 자기와 어머니에 대한 단순한 기억과 그로 인해 발생된 정서인 것이다. 이 단계에서 부모나 다른 환경적 요소가 지속적이고 심각하게 아동의 욕구를 좌절시키면 병리적으로 고착되어, 후에 경계선 성격장애와 같은 만성적 부적응을 유발하는 성격장애를 초래할 수 있다.

확인(identification) 단계에서는 생후 10개월 정도에서 약 2세 말까지 지속된다. 이 시기의 아동은 자기와 어머니 또는 타인의 기능을 인식하게 되고 변별하게 되면서, 정서적인 요소가 더욱 분화되어 보다 광범위한 정서들을 인지하게 되고 동시에 그것들을 조절하는 경험을 하게 된다. 이 경험은 변별과 통합의 과정이 성숙되어 가는 과정인데 이것은 그 다음 단계인 자아정체의 성취를 위한 예비과정이 된다.

자아정체(ego identity)의 단계에서는 아동은 내사와 확인의 표상들을 통합하는 능력을 지니게 된다. 결국 자아가 여러 가지 경험을 통합할 수 있는 기능을 지니게 됨으로써 성숙이 가능해진다. 이 통합의 결과 '나'라는 존재는 '수용되는 나'와 '수용할 수 없는 나'로 지각되면서, 후자의 '나'는 분열되는 대신에 자기 정체를 유지하기 위해 억압된다. 따라서 자아통합이 이루어진 사람들은 보통 수용할 수 있는 자기만을 의식한다고 할 수 있다. 훗날, 잘 성장하여 '수용할 수 없었던 나'를 '수용되는 나'로 통합시켜 나갈 수 있다면 진정한 자아통합이 이루어질 수 있다.

대체로 많은 사람들은 자기자신에 대하여 부정적인 이미지보다 긍정적 이미지가 우세하기 때문에 생활에 잘 적응하고 극복하고 타인을 도와주는 역할을 하고 있다. 그러나 경계선 성격장애로 고통받고 있는 사람들은 스트레스를 받을 때 긍정적 이미지가 우세하지 않고 자기와 타인에 대한 부정적인 이미지가 우세하기 때문에 타인의 행동을 악의에 찬 것으로 해석함으로써 타인에 대하여 불안과 분노로 반응한다. 이러한 태도로 인하여 그들은 타인들을 불쾌하게 만들기 때문에 계속적으로 대인관계가 불안정해지고 빈곤해지며 스스로와 타인을 피곤하게 만든다. 한마디로 이들은 자기중심적이고 자기와 타인에 대해 부정적인 관점과 부정적인 감정을 지니고 있는 사람들이다.

주요내용

하나, 현대의 정신역동이론에서는 본능적인 충동 이외에 인간의 성장과정 특히 아동기의 대인관계, 즉 정서적 관계에 따라 인간의 성격이 어떻게 형성되는가를 강조하였다.

둘, 어머니 자신의 감정이 두렵고 불안하면 감정의 굴곡이 너무나 심하여, 자녀중심이 아닌 자기중심의 생활이 되기 쉽고, 자기의 욕구로 인하여 아동의 욕구를 좌절시킬 가능성이 빈번하다.

따라서 아동은 어머니에 대한 경험을 통합적으로 내면화시키지 못할 가능성이 커지면서 훗날 대인지각이 부정일변도가 되어, 대인관계를 중심으로 하는 사회생활에 중대한 결함을 초래하고, 공감능력의 결함, 주장성 결여, 광장공포, 만성적 우울, 충동통제의 결여 등의 심각한 증상을 유발한다.

4. 생활에서의 나의 감정

*실행: 일상생활에서 흔히 발생하는 자신의 감정을 그 배경과 함께 적어보고 토론해 보자.

	감 정	감정의 배경 (상황, 사람, 사건, 조건 등)
긍 정 적		
부 정 적		
비 유 적		

5. 자기탐색 사례

1. 자유롭지 못한 표현

이 프로그램을 접하게 된 이유 중의 하나가 큰 아이의 짜증이나 공격성이 나를 힘들게 했기 때문이다. 낮에는 직장생활을 하다 보니 대인관계에서도 어려움은 조금씩은 있지만 그것이 모두 내 탓은 아니라고 생각하였고... 나는 오직 우리집 큰 아이가 힘들었다. 어떨 땐 왜 짜증이냐고 내가 더 화를 내고 다그칠 때도 있고, 어떨 땐 외면해 버리기도 했다. 그런데 아이들의 공격성이 "살아있음의 표현"이라는 말이 나를 안도하게 해주고 다시 나의 모습을 돌아보게 한다. 내가 우리 아이에게 버텨주는 힘이 도자라지 않았나 반성해 본다.

나의 엄마는 조용하고 자상하시며 매사에 일처리가 꼼꼼하시다. 자기 자신보다는 남에 대한 배려가 많다. 아버지께서 해외로 나가시고 딸들만 넷을 키우니 엄하시기도 했다. 아버지께서 안 계셨기 때문에 더 엄하셨던 것 같다. 아버지가 가끔 집에 오셔도 말씀이 없으시고, 조용하셨다. 우리들이 먼저 아버지를 어려워했던 것 같기도 하다. 이런 환경들이 자라면서 순응적이 되고 나의 표현을 자유롭게 하지 못하게 되지 않았나 싶다. 또한 주변 사람들과 큰 아이에게도 영향을 미치는 것 같다. 글을 쓰다 보니 나의 주변 직장동료에게 조금 미안하다.

확실하게 자신을 드러내는 사람을 보면 주눅들고 위축되면서도 상대가 얄미워 늘 그 사람들이 문제가 잏다고 생각하여 왔다. 그런데 큰 아이와 그들이 내게는 같은 입장이다. 그들이 의사를 정확히 표현할 때 나는 제대로 나의 의견을 내지도 못하고 회피하는 식으로 가만 있고... 그러면서 힘들어하고 그들 탓으로 돌렸는데, 지금 생각하여 보면 부모와 나와의 관계방식을 생각해 봐야 될 것 같다.

2. 비례하지 않는 자존감

관념적 세계, 생각 속에서 살아왔던 세월이 그동안 나를 지배하고 있습니다. 생각 속에 머물수록 실제 현실생활간의 거리감은 어쩔 수 없었지요.

나의 감정을 드러내기에는 내 자신이 나약하다고 스스로 정해 두었기에 그 틀을 깨기가 무척이나 힘듭니다. 지금은 양파 속을 한꺼풀, 한꺼풀 벗겨 가는 중이라고 생각이 듭니다.

'개구리'님의 지적 중에 유치찬란하다는 표현에 크게 공감합니다.

그래도 그렇게라도 지탱할 수밖에 없었던 것이 지금까지의 제 모습인 걸 어떡하겠습니까?

**님에게 그렇게라도 매달리고 싶은 게 절박한 내 현실입니다.

어린 시절부터 엄마의 사랑을 받고 싶은 마음은 가득한 데, 맏이라서 여자아이라서 고스란히 밀려날 수밖에 없어서 외로움만 키우며 세월을 보냈습니다.

한때는 엄마에게 사랑받고 싶은 마음을 호소했다가 거부당했습니다. 그 거부당한 경험 때문에 나는 엄마사랑을 받을 자격이 없는 몹쓸 아이로구나, 거부당해도 싸다, 나는 참 초라한 존재로구나 등등 자긍심을 바닥 아래로 설정해 두었던 것 같습니다.

그리고 동시에 이 사실을 은폐시키려 전전긍긍한 세월이었습니다. 그러면서 머리로 많은 이론들을 입력했습니다. 나의 초라함을 보상이라도 하듯이.

한편으로는 나를 사랑해주지 않았던 엄마를 철저히 무시하고 멀리했습니다. 그러면서 나에게 친절했던 사람들-특히 여자들-에게 엄마에 대한 내 감정이 투사되었습니다.

끊임없이 사랑을 구걸하고 있는 내 유치한 모습을 발견했지만 오늘이 오기까지 애정결핍이 원인이었다고 인정하고 싶지 않았습니다. 그 인정은 곧 나의 초라한 내 모습, 열등한 내 모습이 탄로남이라고 생각했습니다.

엄마에게 '사랑받고 싶었어.' 이 말을 엄마 생전에 하지 못했습니다. 그 당시에도 억압되었던 감정이었지요. '엄마 내가 그렇게 못난 사람이야?'하고 물어보지도 못했습니다.

이런 밑마음이 깔린 채로 엄마와 이별했더니 고스란히 아버지에게 화살이 갔습니다. 머리로는 아버지의 재혼을 찬성한다고 말하면서 불편한 마음이 가득했습니다. 엄마와의 감정이 수습되지 않은 채로 생활을 하고 있으니 여러 부작용이 생겼습니다.

'나에게 관심을 보여 주세요'의 마음이던서도, 나타나는 내 모습은 마치 엄마에게 사랑받지 못했다는 생각이 복수라도 하듯이, 상대방을 괴롭혔던 것 같습니다.

아직도 익숙했던 내 패턴대로 구체적이지 못하고 막연한 것 같다는 자기비난이 나를 치고 있어 더 쓸 수가 없습니다.

제3장

욕구해결과 욕구불만

상대에 얽매이지 않으면서
상대를 매어 두지 않는 관계...

1. 욕구해결과 대상관계

대인관계를 이해함에 있어서, 과거 대상관계 속에서 발생한 욕구해결과 욕구불만이 현재생활에 어떤 영향을 미치는가를 알아보기 위하여 대상욕구에 대한 내용(정방자, 1998)을 아래와 같이 접하도록 한다.

인간은 타고날 때 생존에 필요한 기본적인 대상욕구(object needs)를 가지고 태어난다. 이 욕구는 특별한 신경증적인 구조와는 다르며 현실적인 대상에 대한 욕구이다. 뮤센(Mussen, 1963)은 발달초기의 기본적 욕구를 생리적인 것과 심리적인 것으로 구분했다. 전자에 속하는 것으로는 식욕(needs for food), 체온조절에 대한 욕구(needs for temperature regulation), 배설에 대한 욕구(needs for elimination), 산소에 대한 욕구(needs for oxygen)이다. 이들 욕구들은 충족되지 않으면 생리적으로도 생존이 불가능하다. 이중에서 식욕을 제외한 나머지 욕구들은 생득적인 조절기제에 의해서 어느 정도까지는 유아 혼자서도 해결할 수 있다. 그러나 식욕만은 유아 혼자서 전혀 해결할 수 없고 이것을 충족하기 위해서는 타인에게 절대적으로 의존해야 한다. 유아기에 이들 생리적 욕구를 해결해 주는 사람은 주로 어머니이다. 따라서 어머니의 애정은 유아의 욕구를 해결해 주는 기본요인이 되며, 이로 인해서 유아는 건강하게 자랄 수 있다.

어머니에게 사랑받고 의지하려는 욕구는 심리적 욕구(psychological needs)로서 원래는 생리적 욕구(physiological needs)에서 파생되어 나왔다. 그러나 전자가 결핍될 때는 후자의 생리적 욕구도 충족하기가 어렵다. 따라서 이 시기에는 생리적 욕구와 심리적 욕구는 구별하기가 어렵다고 타라쵸우(Tarachow, 1963)와 뮤센(Mussen, 1963) 등은 말한다. 소울(Saul, 1958)은 모든 사람의 근원적 원망(願望, libidinal wish)에는 여러 가지가 있을 수 있지만 그 중에서도 가장 기본적인 것이 의존욕구(dependant needs)와 애정욕구(love needs)라고 한다. 이 때문에 인간은 성장하여서도 유아적인 의존을 계속해서 반복하려 하고 또 사랑받고자 하는 행동도 반복해서 나타낸다고 해석하고 있다.

기본 대상욕구들은 모든 인간에게 공통적인 것으로서 생존을 위해서 필요하고도 건강한 욕구이다. 애정적이고 성숙한 부모는 이 건강한 아이의 욕구를 초기에는 공생유대를 통해서 충분히 충족시킨다. 이러한 충족은 아이에게 만족과 신뢰감을 준다. 아이는 이 신뢰감을 통해서 자기자신과 타인 및 세계에 대한 믿음을 형성시켜 나간다. 에릭슨(Erikson, 1963)은 이것을 기본신뢰(basic trust)라 하고, 이 기본 신뢰가 생후 1년까지 충분히 이루어져야 그 후의 성격을 정상적으로 발달시킬 수 있다고 한다. 카메론(Cameron, 1963)에 의하면 이 시기에 공생관계를 갖지 못하면 자폐적 아동(autistic child)이 되고 이들은 일생동안 효과적인 인간관계를 형성하지 못한다. 또한 외부 현실에 대한 지각과 건강한 자아를 구축하지 못한다고 한다.

아이가 성장함에 따라서 부모는 의존적이고 공생적이었던 친자관계를 점차 분리시켜야 한다. 그렇게 해야 아이는 독립적이고 자율적인 인간으로 성장한다. 물론 부모에게서 분리하여 독립할 때는 의존적인 욕구가 좌절되기 때문에 분노와 고독을 경험한다. 그러므로 분리경험은 서서히 이루어져서 아이에게 외상(trauma)이 되지 않도록 해야 한다. 분리가 시작될 때는 아이뿐 아니라 부모도 허탈감과 고독감을 맛본다. 부모와 아이 모두가 이 고독감을 참고 이길 수 있어야 한다. 공생분리가 원만히 이루어지지 못하면 아이는 계속 의존적으로 남게 되고 그 결과 열등감에 사로잡힌다.

공생분리와 더불어서 부모는 아이의 연령에 맞게끔 적절한 규율(discipline)과 임무(task)를 부과할 수 있어야 한다. 규율과 임무는 아이의 초자아와 자아가 성숙하는 데 필수 불가결한 요소이며, 충동과 욕구를 조절하는 조건이 된다. 이 때 규율을 부과하지 않고 아이의 욕구를 지나치게 허용하면 아이는 욕구를 지연시키고 조절하는 힘이 없어져 충동적인 인간으로 자라기 쉽다.

스페링(Sperling, 1963)은 육아과정에서 아이의 성격을 정상적으로 발달시키려면 규율이 있어야 하고, 이것이 내적 규제(inner restraint)가 되어야 한다고 지적한다. 사람의 마음속에 규율이 발달되는 과정은 자기를 사랑하는 사람을 동일시하는 데서 비롯된다. 부모가 자신들의 충동을 두려워하고 통제하지 못하면 자식의 충동적인 마음에 대해서도 적절한 통제를 하지 못한다. 그리하여 이들은 자식의 충동을 지나치게 통제하거나 또는 지나치게 허용함으로써 자식에게 위험한 상황을 만들어낸다. 이 두 가지 경우에는 사람이 자기의 충동에 압도되어 충동조절을 하기 힘들며 그 결과 성격형성에 많은 지장이 초래된다.

충동에 대해서 심한 불안을 갖고 있는 사람은 관대하고 성숙한 초자아를 형성할 수 없다. 이들은 통제하기 어려운 본능이 두려워서 지나치게 자기처벌(self-punishment)적인 태도를 키울 우려가 많다. 적절한 규율과 도덕 및 가치는 사람으로 하여금 일생동안 본능을 조절하고 통제하는 힘을 키워주며 지나친 자기 처벌적 태도를 예방하는 데 큰 도움을 준다. 게이셀(Geisel, 1951)도 육아과정에서 아동의 욕구와 충동을 지나치게 허용하는 것은 바람직한 일이 아니라고 지적하고 있다.

위의 견해와는 달리 또 다른 연구에서는(Aichhorn, 1935) 아이를 기를 때 허용과 사랑이 가장 중요하다고 강조했다. 그는 허용과 사랑이 아이의 공격적인 행동을 조절하는 데 가장 좋은 방법이라고 추천하고 있다. 그러나 그의 주장은 1930년대의 것으로서 그 당시 서구에서는 엄격한 규율 밑에서 아이들을 양육했다. 따라서 그와 같은 엄격한 육아법을 조절하는 데는 허용과 사랑이 가장 필요한 수단이 되었을 것이다. 이와 같이 시대와 문화에 따라서 양육법을 조금씩 달리하고 있으나, 사랑과 규율이라는 두 측면의 필요성을 시사하고 있다는 점은 간과되어서는 안 될 것이다.

다시 말하면, 동서를 막론하고 최근의 부모들은 육아과정에서 허용과 사랑을 너무 지나치게 사용하고 있다. 이와 같은 육아법을 조정하는 데는 규율이 가장 좋은 방법이 될 것이다. 규율은 아이들로 하여금 그들 자신의 공격성에 대한 불안을 극복하고 공격성을 재 통제할 수 있게 해 준다고 최근의 학자들은 주장하고 있다. 즉, 규율과 임무는 앞으로 아이가 성장하면서 여러 곳에서 겪게 될 심한 자극에 대비해서 정신적인 예방주사를 맞는 것이라고 언급하기도 한다(이동식, 1975). 그러나 이러한 과정에서도 아이가 이길 수 없는 심한 자극과 장이 밀어닥치면 부모는 다시 일시적으로 아이를 돌봐주고 의지하도록 만든다. 요컨대 사랑을 바탕으로 한 규율과 과업의 부과는 성숙한 성격을 배양하는 토대가 된다.

이와 같은 경험을 계속하는 동안 아이의 마음속에는 건강하고 지지적인(supportive) 부모가 내재화되어 사람들은 실제로 부모가 옆에 없더라도 불안이 없으며 독립적인 인간으로 성장한다. 이들은 대인관계에서도 자신의 결핍된 욕구를 바탕으로 해서 상대방을 지각하거나 판단하는 경향이 적으며, 타인이나 사물을 욕구충족의 대상이나 수단으로 삼지 않는다. 대상에 병적으로 집착하지 않기 때문에 상대를 독립적인 주체(subject)로서 자각할 수 있고 고독을 이기고 독립하는 힘을 보인다.

이들의 대상관계의 특징은 깊고 진정하면서도 상대에 얽매이지 않고 동시에 상대를 자기에게 매어두지 않는다. 이 관계는 상호 건강한 의존을 하면서도 집착함이 없이 언제든지 분리(독립)할 수 있고, 사랑의 마음으로 미움을 이기는 것이 특징이다.

어린아이가 집착함이 없이 분리가능하고, 사랑의 마음으로 미움을 이길 수 있다는 내용은, 부모입장에서는 많은 것을 생각하게 하고, 정확하게 이해해야 하는 대목이다. 아무리 어린 아이일지라도 부도가 흔쾌히 허용할 것은 허용하고, 거부할 것은 거부하게 되면, 아이는 불필요한 집착이 아무런 효과가 없다는 것을 느끼게 되고, 더욱 더 중요한 것은 집착하지 않더라도 사랑이 충족된다는 것을 배우게 된다는 뜻이다. 또한 밉고 원망스러워 울고 불고 떼를 쓰지만, 그러한 태도는 사랑받으려는 대상에게 가지는 일반적인 감정, 즉 비례적인 정서이다. 이때, 아이는 왜 사랑하는 대상이 자신을 거부 했는가 혹은 꾸중하였는가에 대한 설명을 들어야 하고, 자신의 존재는 아무런 손상되지 않았다는 믿음을 가지는 것이 중요하다. 즉 진정한 사랑 때문에 임시 박탈된 마음은 아프지만, 그 박탈감을 극복하게 되면서 더 큰 사랑의 체험을 배우는 것은, 앞으로 아이가 살아나가게 되는 외부세계에 대한 정서적 환경을 건강하게 체험하게 되는 소중한 일이 될 것이다.

주요내용

하나, 가장 기본적인 것은 의존욕구(dependant needs)와 애정욕구(love needs)이다. 이 때문에 인간은 성장하여서도 유아적인 의존을 계속해서 반복하려 하고 또 사랑받고자 하는 행동도 반복해서 나타낸다고 많은 학자들은 해석하고 있다.

둘, 초기의 신뢰감을 통해서 자기 자신과 타인 및 세계에 대한 믿음을 형성시켜 나간다.

셋, 공생분리가 원만히 이루어지지 못하면 아이는 계속 의존적으로 남게 되고 그 결과 열등감에 사로잡힌다.

넷, 규율과 임무는 앞으로 아이가 성장하면서 여러 곳에서 겪게 될 심한 자극에 대비해서 정신적인 예방주사를 맞는 것이다. 요컨대 사랑을 바탕으로 한 규율과 과업의 부과는 성숙한 성격을 배양하는 토대가 된다. 이들은 대인관계에서도 자신의 결핍된 욕구를 바탕으로 해서 상대방을 지각하거나 판단하는 경향이 적으며, 타인이나 사물을 욕구충족의 대상이나 수단으로 삼지 않는다.

2. 욕구불만과 대상관계

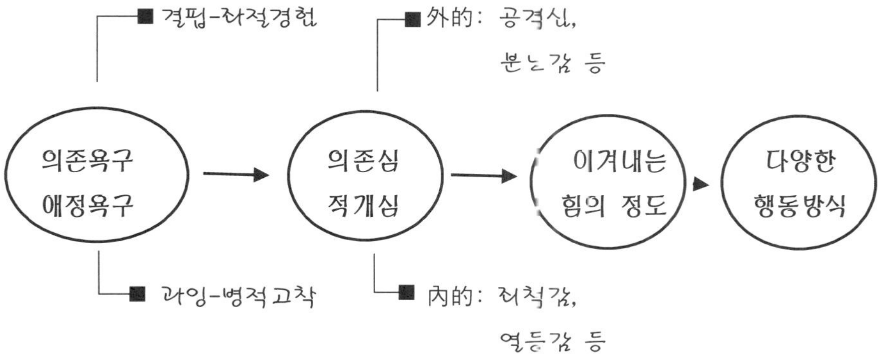

[그림 2] 욕구의 과잉충족과 결핍

인생 초기의 건강한 기본욕구들은 적절하게 충족되면 정서적으로 성숙한다. 그러나 초기의 잘못된 대상관계로 인하여 이들 욕구가 지나치게 결핍되거나 과잉충족되면 이 욕구에 병적으로 고착한다. 그리하여 이것이 의존심(dependancy)과 적개심(hostility)의 두 가지 기본 감정을 만들고 일생 동안 여기에 매달리게 한다. 소울(Saul, 1958)은 "인생초기에 부모에 의해 애정욕구가 심하게 좌절되면 이것을 얻기 위해 대상에게 비참할 정도로 의존한다. 그 결과 열등감이 발생하고 열등감은 다시 적개심을 불러일으킨다. 적개심은 죄의식과 자기처벌적인 자학을 하게 만드는데 그 이면에는 유아적 욕구좌절이 있다는 것을 의미한다"고 강조하고 있다(그림 2 참조).

욕구좌절이 적절한 수준(optimal level)에서 이루어지면 그로 인한 적개심과 충동의 양은 적다. 그러므로 그 이유를 살피고 감정을 조절, 극복할 수 있는 힘이 있는 편이다. 그러나 좌절감이 클 때는 통제하기 어렵고 또 자기가 사랑을 받으려는 대상에게 적개심을 갖기 때문에 심한 죄책감에 사로잡힌다. 프로이드(Freud)는 모든 죄책감과 불안은 적개심에서 나오며, 적개심은 통제하기가 어려운 힘이기 때문에 사회생활과 대상관계에 큰 장애를 일으킨다고 갈파하고 있다.

야로우(Yarrow, 1961)는 아이를 양육할 때 정상에서 이탈되고 왜곡된 형태를 모친상실(maternal deprivation)이라고 명명한다. 유아기의 모친상실은 인생후기의 지적, 성격적, 사회적 기능장애 및 대인관계의 장애와 깊은 관련이 있다. 모친상실이라 함은 정상적이고 참된 어머니의 역할을 하는 어머니가 없는 경우라고 하며 여기에 수용소 양육(institutionalization), 모친이별(부모의 이혼·불화·사별 등으로 인한 상실), 다수모친(어머니 역할자가 동시에 다수 있는 것), 왜곡모친(친모라도 거절적이거나 과잉보호적이거나 일관성 없는 태도인 경우)을 포함시키고 있다.

과잉보호적이거나 익애형인 어머니는 아이를 지나치게 보호하고 병적으로 사랑하여 아이의 욕구를 적절하게 좌절시키지 못한다. 이들은 오히려 아이에게 심히 의존을 하고 있다. 따라서 자녀의 독립에서 오는 고독과 불안을 어머니 자신이 참기 어려워서 아이를 의존적으로 만드는 경향이 있다. 이런 아이는 현실검증이 잘 발달되지 않아서 자신을 독립된 존재로 보는 힘이 적으며, 욕구를 지연, 인내하지 못하고 항상 즉각적인 충족을 원한다. 따라서 욕구가 좌절될 때는 충동적이고 공격적으로 되어서 조절하기가 힘이 든다. 이들은 성장함에 따라서 부과되는 욕구의 지연 및 좌절, 규율과 임무 등이 고통스럽다고 생각하여 심리적으로는 계속 유아상태에 머물기를 희망한다.

반대로 인생초기부터 욕구결핍을 심하게 경험하는 경우에도 심리적 성숙은 방해를 받는다. 이들은 욕구결핍에 따른 불신감과 적대감 때문에 대상관계를 정상적으로 발달시키지 못한다. 또한 일생을 결핍된 욕구의 노예가 되어 어떠한 희생을 무릅쓰고라도 이것을 충족하려고 한다. 이들도 정신적으로는 계속 유아기에 머물면서 타인이나 사물 및 심지어는 자기 자신까지도 이 욕구를 충족하기 위한 수단으로 삼으려 하는 것이다.

수용소의 시설아들을 대상으로 하여 연구를 종합해 볼 때 시설아들은 일반적으로 애정적인 관계가 심히 결핍되어 있다. 그뿐 아니라 감각적 자극이 빈곤하고 사회적 접촉이 적어서 지적·언어적 발달이 지체된다. 이들은 대인관계에서 무감동하고 의존적이며 눈치를 살피는 경향이 많고 사회적 감각이나 판단력이 부족하며 소극적인 것이 특징이다. 어머니와 이별한 아동의 경우에도 정서표현이 자유롭지 못하고, 무감동, 타인에 대한 관심 상실과 더불어 정상적인 애정관계를 갖지 못한다. 비록 어머니가 있더라도 올바른 역할을 하지 못한 왜곡모친 밑에서 성장한 아동 역시 원만한 대상관계의 경험이 없기 때문에 정상적인 관계를 형성하기가 어렵다.

이상에서 살펴본 바와 같이 성장과정에서 욕구들을 적절하게 해결하지 못하면 인간을 충동적으로 만들기 쉽다. 그 결과 현실을 자기의 해결하지 못한 욕구에 비추어서 판단하고 욕구에 맞으면 옳고 맞지 않으면 그르다고 생각한다. 따라서 이들은 애증(愛憎, love and hate)의 변화가 심하고 세상을 흑과 백 두 가지로 구분해서 보는 경향이 많다. 이들은 자신의 요구가 유아적이고 비현실적이어서 현실에서 이루기가 불가능하다는 것을 깨닫지 못하고, 한 대상에게 실망하면 또 다른 대상으로 전전하면서 끝없이 헤매고 여기에 집착한다. 그리하여 현실 인간관계에서 이루어지지 않을 때는 사물이나 동물 또는 외부에 인격신이나 신을 만들어 놓고 거기에 매달린다. 이러한 유아적 욕구는 성인이 되어 필요 없는 환경이 되어도 계속 되풀이해서 충족하려 하기 때문에 프로이드(Freud)는 이것을 반복강박(repitition compulsion)이란 이름을 붙이고 있다.

주요내용

하나, 모친상실이라 함은 정상적이고 참된 어머니의 역할을 하는 어머니가 없는 경우라고 하며 여기에 수용소 양육(institutionali zation), 모친이별(부모의 이혼·불화·사별 등으로 인한 상실), 다수모친(어머니 역할자가 동시에 다수 있는 것), 왜곡모친(친모라도 거절적이거나 과잉보호적이거나 일관성 없는 태도인 경우)을 포함시키고 있다.

둘, 의존적 사랑의 욕구가 지나치게 결핍되거나 과잉충족되면, 일생을 그 결핍된 욕구의 노예가 되어 어떠한 희생을 무릅쓰고라도 이것을 충족하려고 한다. 그 결과 현실을 자기의 해결하지 못한 욕구에 비추어서 판단하고 욕구에 맞으면 옳고 맞지 않으면 그르다고 생각한다.

셋, 유아적 욕구는 성인이 되어 필요 없는 환경이 되어도 계속 되풀이해서 충족하려 하기 때문에 프로이드(Freud)는 이것을 반복강박(repitition compulsion)이라고 한다.

3. 욕구충족과 욕구좌절의 경험

*실행 : 지금까지의 생활에서 가장 강하게 기억나는 욕구충족과 욕구좌절의 경험을 시기별로 적어 보자.

1. 욕구충족 경험

2. 욕구좌절 경험

4. 자기탐색 사례

1. 부끄러움을 잘 타고 자신감 없었던 모습

욕구충족 경험과 욕구좌절 경험을 기록하면서 머리 속에서 내 어렸을 적 막연했던 기억들이 구체화되면서 내 성격의 부정적 부분의 원인이 무엇 때문이며 그로 인하여 형성되어진 긍·부정적 모습들을 탐색할 수 있었다. 무엇보다도 구체화하는 과정에서 0-초등학교 때 나는 욕구충족의 경험이 없었다는 사실과 부모로부터 특별한 사랑을 받아 본 경험을 기억할 수 없는 데 대하여 나 자신도 놀라웠다. 그렇다면 나의 부모는 모친상실이나 왜곡부모였다는 말인가? 지금까지 나의 생각에서, 나는 그저 평범하게 여러 형제들 틈에서 부딪치며 부모님의 남아선호사상에 길들여지면서 그럭저럭 불평 없이 그렇게 자라왔었다. 나는 언니나 동생보다 키도 작고 몸이 약해 병치레를 많이 했으며 얼굴도 제일 못 생겼으므로 집에 손님이 오시면 언제나 언니나 동생은 잘 생겼는데 쟤는 누굴 닮았노? 라고 하셨다. 이러한 일들은 내가 사람들이 북적대는 곳에 섞여있기 싫었고 언제나 혼자 있기를 좋아했고 교실에서도 자신의 자리에 가만히 앉아 있거나 책읽기를 즐기는 아주 얌전한(?) 말이 적은 소녀로 자라게 했다. 여고시절부터는 죽음보다 그리운 삶이 어떠한 삶인지 고뇌하면서 도대체 나는 어떤 사람인가를 탐색하면서 지냈다. 친한 친구로부터 나의 부정적 부분들을 지적 받았을 때 나는 부끄러웠고 그 사실들을 받아들이기가 몹시 힘들었으며 자기비하를 하면서 자신감을 잃기도 했다. 이 공부를 하면서 나의 역동이 무엇인지를 찾으려 계속 탐색하면서 있는 그대로의 나 모습을 보게 되었고 수용하려고 노력했다. 정신역동에 대한 개념이 이해되면서 문제의 원인이 끊어진 필름이 이어지듯 끊어지듯 보이기 시작했다. 객관적으로 내가 보이기 시작하니 좀 개운해지고, 그것에 연연하지 말아야 겠다는 의식적인 힘이 생기는 것 같다. 오늘 수업에서 "상대방에게 얽매이지 않으면서 상대를 매어두지 않는 관계" 이것이야말로 대인관계를 형성하는 바탕이며 그러기 위해서는 관대하며 집착함이 없이 내 마음밭에 사랑이라는 씨앗을 심어 정성스레 가꾸어야겠다는 다짐을 해 본다.

2. 부모님은 나의 욕구좌절과 충족경험의 동시 대상자...

나는 정신역동에 대한 공부를 계속 해 온 편이다. 이 프로그램을 하면서 그 동안의 정신역동 공부에서보다 조금 색다른 느낌이 든다.

나 자신의 깊은 무의식, 그리고 그것들이 나의 인생에 미치는 영향을 지금까지 많이 생각해 왔었는데, 이 작업에서는 좀 더 정리가 되는 것 같고, 그 정리가 객관화시켜 볼 수 있어서 좋다. 이번엔 '욕구충족 경험'을 통해 또 하나의 깨달음(?)을 얻게 되었다. 기존의 방법(교육분석 포함)에 오리엔테이션되어 있어선지, 항상 과거를 생각하면 핵심감정과 관련된 욕구좌절이 먼저 떠올랐지만, 이번엔 그보다 더 빨리 욕구충족 경험이 떠올랐다. 재미있다. 그리고 야릇한 미소도 함께... ...

그리고 욕구충족과 좌절에 대한 대상이 모두 동일 인물이다.

父母님!

아버지에 대한 충족과 좌절, 어머니에 대한 욕구충족과 좌절들. 母에 대해선 평소에도 많이 생각해 왔다. 그리고 그 감정은 아주 분명하여 더 새로울 것이 없지만, 아버지에 대한 기억들이 많아졌다. 특히나 충족경험이... 그리하여, 아버지에 대한 그리움이 더욱 새록새록 올라와 행복하다. 이제 아버지에 대한 사랑을 느껴본다. 그동안 분석받으면서도 무던히 애썼다. 아버지를 느껴보려고... 아버지가 내게 준 사랑이 조금씩 나의 전신에 퍼져나가는 느낌이 좋다. 늘 막연하고 모호했었는데...

조금씩 세상이, 세상 사람들이 편해진다.

제4장
전이감정을 통한 인간이해

대인관계의 갈등이란...
서로의 길들여진 감정과의 싸움...

1. 전이감정의 이해

지구에 막 도착한 어린 왕자에게 여우가 인사를 건넸다.

"안녕"

"안녕, 넌 누구니? 참 이쁘구나." 어린 왕자가 말했다.

"나는 여우야."

"이리 와서 나하고 놀자. 난 아주 쓸쓸하단다."

"난 너하구 놀 수가 없어, 길이 안 들었으니까."

"난 친구를 찾고 있어. 그런데 길들인다는 게 무슨 말이니?"

"모두들 잊고 있는 건데. 관계를 맺는다는 뜻이란다." 여우가 대답했다.

"관계를 맺는다구?"

"응, 지금 너는 다른 애들 수만 명과 조금도 다름없는 사내애에 지나지 않아. 그리구 나는 네가 필요없어... 너 역시 내가 아쉽지도 않을 거야. 네가 보기엔 나도 다른 수만 마리 여우와 똑같잖아? 그렇지만 네가 나를 길들이면 우리는 서로 아쉬워질 거야. 내게는 네가 세상에서 하나밖에 없는 존재가 되는 것이라구. 네게도 내가 이 세상에 하나밖에 없는 여우가 될 거야."

"이젠, 좀 알아듣겠어. 나에게 꽃이 하나 있는데, 그 꽃이 나를 길들였나봐, 보고 싶거든."

(쌩떽쥐베리의 '어린왕자' 중에서)

위의 어린왕자는 현대를 살아가는 우리의 모습을 상징적으로 잘 나타내고 있다.

인간은 자기가 원하든 원하지 않든 누군가에 의하여 길들여진다. 길들여진 과거 경험으로부터 우리가 완전히 자유로와질 수 없다는 사실... 과거를 더 이상 들추어본들 무슨 소용이 있겠는가, 지나간 것이지 않는가, 생각한들 무슨 소용있겠는가 라고 고개를 흔들어 보지만, 과거경험으로부터 길들여진 정서는 우리 내부에 마치 땅속의 뱀마냥 또아리고 앉아 있다. 그런 후 바깥에서의 어떤 자극이 들어오면(특히 과거와 유사한 자극) 즉시 머리를 바싹 치켜들고 투쟁하거나 더욱 더 움츠리는 도피반응을 통해서 세상과 관계하는 것이다. 바로 이 투쟁과 도피라는 두 반응이 대인관계의 보편적 양식이다.

예컨대 결혼 후의 배우자와의 생활에서 부모와의 어린 시절의 유아적인 유대에 길들여져 벗어나지 못하게 될 경우에는(유아시기의 감정이 어른이 되었을 경우에도 조절이 안될 경우), 남자이면 어머니같이 자기를 보호해 주는 여자를 구하게 되고 여자는 아버지 같은 존재를 구하게 된다고 보았다(Saul, 1979). 이 후의 생활에서 다행스럽게도 길들여진 감정이 충족되는 관계이면 문제가 없으나, 서로가 그 욕구를 갈구하는 경우이면 마찰이 일어나고 갈등이 생기게 되는 것이다. 따라서 자신의 길들여진 감정을 객관적으로 바라보고, 현실적이지 못한 것을 분간할 수 있으면 성숙한 대인관계를 형성할 수 있다.

전이과정(transference process)은 정신역동적 접근법에서 자신과 상대방을 이해하는 핵심이다. 전이(轉移)는 과거에 중요한 타인들에 대한 반응에서 생기는 일종의 치환(displacement)으로서 긍・부정적인 자신의 느낌이나 환상이 상대방에게(상담장면에서는 상담자에게) 무의식적으로 옮겨가는 것이다. 즉 과거 관계에서 생긴 '미결사항'이 상대방에게 넘겨지는 것을 의미한다(Corey, 1986).

사람들은 그에게 감정적으로 중요했던 인물, 거의 대부분의 경우 부모가 그를 취급한 양식에 어떤 방식으로든 적응하게 되어 있다. 이 때 그 방식은 무의식적으로 다른 모든 대인관계에서도 동일한 양식으로 계속된다. 즉, 과거(유・아동기 시절)에 그에게 중요했던 사람에게 느꼈던 감정이 현실에서도 무의식적으로 작용하는 것을 전이감정이라고 한다(Saul, 1972).

정신역동적 상담장면에서의 '전이'는 상담자(치료자)-내담자 관계에서 중요한 도구가 된다. 소울(Saul, 1958)은 전이를 다음과 같이 피력하고 있다. "전이는 모든 사람의 기본역동(basic dynamic)의 특수한 한 방향이며, 이 기본역동들은 어린 시절 중요인물과의 관계에서 작용했고, 이 관계에 의해서 형성된 것이다. 이들 기본역동들은 환자의 현실관계에도 작용하고 치료자에게도 전이된다." 예를 들면, 어릴 때 지배적인 어머니 밑에서 심한 압력을 받고 자란 내담자들은 치료시간 중에 치료자 앞에서도 어머니에게 보였던 적응방식을 나타낸다. 그리고 치료자의 행동 중에서 조금이라도 지배적인 면이 있으면 그것에 유달리 민감하게 반응한다. 그런데도 전이반응을 하는 내담자는 이러한 감정이나 행동을 완전히 치료자와의 현실적 관계에 의한 것으로만 보고 있다. 내담자의 전이반응을 조기에 빨리 파악하면 그의 기본역동을 찾아내기가 쉽다고 하는 이유는 이 때문인 것 같다.

디월드(Dewald, 1974)는 "전이반응이란 과거 내담자가 자기의 주위 사람들과 관계했을 당시에는 현실적이고 적절했던 심리적 반응이다. 그러나 현재상황에서 반복하는 경우에는 현실관계에 의한 것이라기보다는 그 사람 자신의 내적 동기나 내적 요인에 의해서 결정되는 심리적 반응이다"라고 한다.

대체로 상담자-내담자 관계는 대인관계에서도 그대로 적용된다. 즉 항상 현실적인 관계 이외에 비현실적인 전이관계(transference relationship)로 서로에게 불편함을 주는 경우는 허다하다. 따라서 가족관계나 일반적인 대인관계에서 전이감정의 해결은 매우 중요한 과제로 노아야 한다.

전이감정을 해결하기 위해서는 무의식적으로 숨어 있는 유아기의 갈등과 감정 등을 지속적으로 표면화시켜야 한다. 전이는 대인관계에서 사랑, 적개심, 불안감, 분노, 유아기의 강렬했던 갈등을 재생시켜서 그것들을 재현시키고, 재

경험하는 과정을 통해서 반복적으로 경험한다. 그러므로 정신역동적 상담일 경우에는 지속적인 반복상태를 극복하는 과정을 겪어야 하므로 장기적인 치료를 경험한다.

일반적인 대인관계에서도 마찬가지이다. 상대자를 자신의 전이감정의 대상자로 귀착시켜 사랑, 수용, 인정의 감정에 빠진다든가(긍정적 전이) 서운함, 거리감, 분노... (부정적 전이) 등등의 갈등을 겪게 된다. 어떻게 보면 정신역동적 입장에서 대인관계를 이해한다는 것은 상대방에 대해 느끼는 전이갈등을 스스로 분석하고 진단하여, 자신의 감정을 책임져 나가는 과정이라고 해도 과언이 아니다.

상담과정에서는 표출하고 통찰하는 과정을 반복적인 훈습과정을 통해서 작업한다. 전이감정을 탐색하면서, 현실관계와 전이관계를 분리해내는 직면의 과정은 각종 관계적인 문제를 해결하는데 도움이 된다. 하지만, 일반적 대인관계에서는 표출도 못하고 어떻게 자신을 통찰하여 나가야 할지도 모르는 상태에 흔히 머무르기 쉽다. 그래서 많은 사람들은 그때그때 갈등을 해결하지 못하고 억압하였다가, 부딪히는 적절한(?) 상대에게 그 감정을 떠넘기는 꼴로 해결하곤 한다. 한마디로 전이대상에게 투사시켜 자신의 내면의 감정들이 드러나는 셈이다.

아동기의 욕구와 외상(trauma)의 흔적은 완전히 지워지지는 않는다. 어린 시절의 갈등은 비록 전이의 여러 양상들이 상담 또는 교육장면에서 훈습되었다 할지라도 완전히 해결되는 것은 아니다. 특히 어리면 어릴수록 받은 외상은 완전히 지워지는 것 보다는, 오히려 더 고착되어 타고난 성격처럼 되어있기 쉽다. 그러므로 그러한 외상을 무조건 없애려고 하는 것 보다는, 제대로 '알아차림'을 한 후, 좋은 방향으로 승화되도록 의식적인 노력을 하는 것이 더 바람직할 것이다. 이런 의미에서, 일반적인 대인관계에서 우리가 자신의 외상으로 인한 '증상'들을 상대방에게 책임을 떠넘기거나 원망하거나 미워하지 않는 수준이면 무난하게 살아가는 모습이라고 보아야 한다.

우리는 때로 우리의 삶을 통해 다른 사람들이 해 주리라고 비현실적으로 기대하는 것이 많다. 동시에 이 기대를 상대방에게 비합리적으로 투사하려는 갈등이 발생한다. 이것이 대인관계에서의 갈등이며, 자기 자신과의 싸움이다. 이런 점에서 우리는 많은 사람들과 지속적으로 전이를 경험한다고 볼 수 있다.

한마디로 우리의 과거는 현재의 가슴 속에 살아있다. 전이감정과 관계된 자기이해를 가정하지 않는다면 자기를 진정하게 이해하기 어려우며, 대인관계에서 발생하는 갈등의 해결은 표면적일 가능성이 크다.

주요내용

하나, 과거(유·아동기 시절)에 그에게 중요했던 사람에게 느꼈던 감정이 현실에서도 무의식적으로 작용하는 것을 전이감정이라고 한다.

둘, 정신역동적 입장에서 대인관계를 이해한다는 것은 상대방에 대해 느끼는 전이갈등을 스스로 분석하고 진단하여, 자신의 감정을 책임져 나가는 과정이라고 해도 과언이 아니다.

셋, 전이감정과 관계된 자기이해를 가정하지 않는다면 자기를 진정하게 이해하기 어려우며, 대인관계에서 발생하는 갈등의 해결은 표면적일 가능성이 크다.

* 뒷 페이지 「대인관계에서의 전이감정」을 강의자의 지시에 따라 직접 실습해 보고 토론해 보자.

2. 전이감정의 이해를 통한 감정조절

전이감정의 이해를 통하여 대인관계의 문제를 어떻게 조절해 나가는지에 대한 내용은 [그림 3]에서 제시되고 있다. 그 구체적인 내용은 다음과 같다.

첫째, 즉각적인 반응을 자제하면서 감정을 자각한다. 우선 상대방이 어떤 행동을 하고 있을 때 그 행동이 나에게 못마땅하거나 다소간의 불편한 감정을 유발시킬 때 즉각적인 반응을 자제하고 나에게 어떤 감정이 일어나는가를 살핀다. 즉, 감정 알아차림의 작업이다.

둘째, 그 감정에 머무른다. '저 사람이 **행동을 하고 있구나. 그런데 나의 기분은 **하구나'라고 느끼면서 그 기분을 없애려고 하지 말고 있는 그대로의 감정에 머무른다. 경우에 따라서는 제 3자에게 표출할 수도 있고, 그냥 그대로 오래 머무를 수도 있다. 즉, 스스로의 감정을 바라보고 잠시 머무르는 작업이다.

셋째, 옳고 그름을 따지지 말고 내가 할 수 있는 일을 탐색해 본다. 물론 나의 감정이 편안하게 상대방이 행동을 바꾸어주면 고맙겠지만 그렇지 않는 경우가 많다. 우리의 관계는 계속 유지해야 하는 관계이므로 상대방이 바뀌어주지 않는다고 해서 그 상태를 그대로 유지하기에는 갈등이 지속될 수 있다. 그렇다면 내가 할 일은 무엇일까를 생각해 본다. 즉, 내가 할 일은 무엇일까 대한 주체적 책임을 고려하는 작업이다.

넷째, 자신의 전이감정을 탐색하기 시작한다. 우선 자신의 감정이 편해지지 않으면 객관적으로 상대방을 바라볼 수 없고 문제를 해결할 수도 없다. 그러므로 감정을 조절하기 위하여 먼저 자신에게 왜 이런 감정이 생기는가에 대하여 탐색해 보는 자세가 필요하다. 자신의 감정에 대한 전이된 내용을 자각하고 그것이 반복된 것이 아니었나를 통찰하는 자세를 뜻한다. 있는 그대로 상대방을 볼 수 없을 때는 자신의 전이감정을 고려해 보아야 한다. 즉 객관적으로 상대방의 행동이 잘못되었다 할지라도 자신의 전이감정을 체크해 보는 것은 성숙한 자세라고 볼 수 있다. 즉, 나에게 작용되는 전이감정을 살핀다.

다섯째, 상대방의 전이감정 역시 탐색한다. 대인관계에서의 문제점은 모두가 일방적인 경우는 거의 없다. 그러므로 자신의 전이감정을 탐색하는 것은 성숙한 자세임에는 틀림없으나 상대방의 전이감정도 살펴봄으로써 문제의 본질을 합리적으로 파악할 수 있는 계기를 마련한다. 또한 지나친 죄책감이나 억울함을 사전에 방지시킬 수도 있다. 즉, 상대방의 전이감정을 분석한다.

여섯째, 나와 상대방의 감정을 수용하고 인정한다. 서로의 전이감정에 대한 탐색이 이루어지면 상황의 옳고 그름을 떠나서 서로의 감정을 이해하고 수용할 수 있다. 그러므로 '나도 **느낄 만하고 상대방도 **느낄 수 있겠구나'라는 마음이 들면 이성적인 상태에서 문제를 해결하려는 노력이 생길 수 있다. 즉, 서로의 마음을 있는 그대로 수용한다.

일곱째, 전이감정에 의한 투사된 안목에서 객관적인 안목으로 감정이 조절되므로 차후 학습할 교정적 교육을 통해 새로운 문제해결을 위한 접근이 가능하다. 즉, 감정조절이 되면서 대처방식에 대한 지혜를 모은다.

주요내용

하나, 건강한 문제해결을 위해서는 전이감정에 의한 투사된 안목에서 객관적인 안목으로 감정이 조절된 후에야 가능하다.

'전이감정의 이해'를 통한 감정의 조절

모든 인간관계에서 전이감정으로 인한 '정신역동'을 이해하면 상대방에 대한 감정조절이 많은 부분에서 가능하다. 즉, 앞에서와 같은 구체적인 상황에 처했을 때 자신의 감정조절을 위하여 다음과 같은 순서를 적용시켜 볼 수 있다.

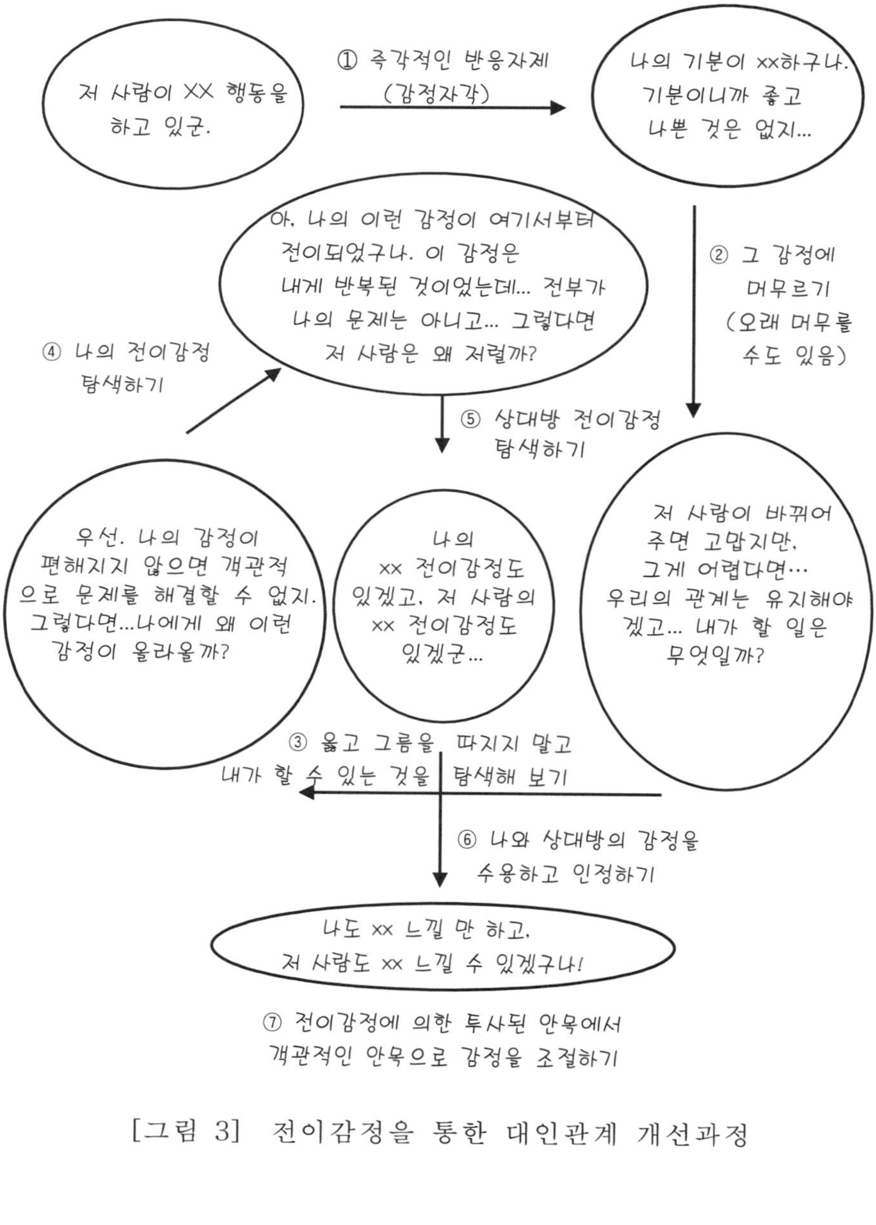

[그림 3] 전이감정을 통한 대인관계 개선과정

3. 전이감정의 극복과 대상관계의 교정

상담 및 심리치료 장면에서 전이감정의 극복을 위한 노력을 어떻게 하는지 살펴보면서 대인관계에서의 개선을 고려해 볼 수 있다. 즉 치료자와 내담자와의 관계를 나와 상대방과의 관계에서 발생하는 전이감정과 유사하다는 사실을 인식하면서 다음의 내용(정방자, 1999)을 접하여 보자.

대상관계를 교정시키기 위해서 치료자는 내담자로 하여금 어릴 때 중요인물과의 관계를 치료자에게 재형성하도록 허용한다. 즉 치료자 자신이 내담자의 중요대상이 되는 셈이다. 이것을 프로이드(Freud)의 말에서 인용하기로 한다. "환자가 분석자(치료자)를 자기의 아버지나 어머니의 위치에 두게 되면 치료자도 또한 환자의 초자아(superego) 역할을 하게 된다. 왜냐하면 부모는 초자아의 근원이기 때문이다. 이 새로운 초자아(치료자)는 이제 환자에게 후기교육(after education)을 행할 기회를 갖게 되고 부모교육의 결점을 교정할 수 있게 된다." 이 글에서 볼 수 있는 것처럼 치료자는 내담자의 유아기적 정서를 재교육하는 입장에 있다. 이 치료자(부모)는 내담자의 무절제한 욕망과 충동을 무제한 충족(과잉충족)도 시키지 않고 또한 무자비하게 좌절(지나친 결핍)도 시키지 않는다.

치료자는 해석과 중립적 태도를 유지하면서 이 욕구를 적절한 수준으로 충족과 좌절을 시킨다. 그리고 치료자에 대한 감정(적개심)과 기타 주위인물에게 갖고 있는 감정을 안심하고 모두 표현할 수 있도록 분위기를 조성한다. 즉 내담자의 충동, 적개심 및 그가 보고한 자료에 대해서 과거에 부모가 비평한 것처럼 비평을 하지 않는다. 그 대신 치료자는 그의 자아기능에 대해 평가를 한다. 달리 말하면 내담자가 정서적, 감정적으로 정직하게 자신을 표현하도록 격려하고 또 이 정서적인 힘이 나타날 때 그것을 직면하고 조절하는 용기와 능력에 대해서 평가하고 격려한다. 즉 내담자는 과거 어릴 때에는 감정을 억압하고 숨길 때 보상을 받았다. 그러나 치료시에는 그와 반대로 솔직한 감정을 표현한 것에 대해서(자아기능) 강화를 받는다.

이러한 과정을 통해서 내담자는 죄의식과 불안에서 벗어날 수 있고 동시에 자신의 숨은 동기를 쉽게 파악할 수 있다. 그리고 여러 가지 감정들이 의존적이고 애정적인 욕구가 좌절된 데서 비롯되었다는 것을 체험하게 된다. 치료자가 이들 욕구들을 다루게 되면 그로 인해서 야기된 감정들은 해결하기가 쉽다.

여기서 내담자는 치료자에게 갖고 있는 감정과 관계유형이 원래 자기의 가족원이나 중요대상에게 향했던 것이며, 그 욕구, 감정, 기대 등을 치료자에게 충족하려 한다는 것을 체험한다. 그 결과 자기가 치료자를 왜곡되게 지각한 사실도 의식하게 된다. 한편 치료자는 내담자로 하여금 그가 지금은 어린아이가 아니며 치료자도 또한 그의 부모나 친척이 아니라는 것을 알려주고 내담자에게 과거와 현재 사이를 구별할 수 있도록 도와준다. 즉 치료자는 내담자가 아직도 어릴 때처럼 작고 힘없고 의존적이며 동시에 분노하고 그로 인하여 죄책감에 떠는 아동인 것처럼 생각하고 있다는 것을 깊이 체험하게 한다. 이렇게 되면 내담자는 자신을 성인세계에 있는 나약하고 죄 많은 아이로 보던 것을 늦추고 그 대신 적절하고 성숙한 성인으로 느끼게 된다. 내담자는 보다 성숙한 초자아의 지배를 받게 되고 또 본능(id)에서도 보다 성숙한 동기가 방출된다. 본능과 초자아의 유아적 모습이 부드러워지고 완화되면 자아는 점차 확장되고 자유로워진다. 이렇게 되면 무자비하게 기계적으로 나타나던 무의식적인 행동과 사고방식이 줄어든다. 따라서 유아기의 충동과 죄의식 및 강박에 의한 지배를 훨씬 덜 받게 된다. 내담자의 자아는 성숙한 모습을 띠게 되며 그 결과 추리력, 적응력 및 현실파악 능력 등이 증가한다. 그와 동시에 정서감정에 압도되지 않고 객관적으로 사태를 사고하는 힘이 강해진다.
프로이드(Freud)는 "미숙한 본능과 초자아가 있던 자리에 성숙한 본능과 초자아가 성숙한 자아와 나란히 공존하게 된다."

치료자와 함께 이러한 학습을 반복하는 동안 내담자의 전이욕구와 반응은 점차로 약화되고 조절되며 따라서 대상관계도 현실적 면모를 띠게 된다. 치료관계는 대상관계의 한 표준(sample)이기 때문에 여기서 학습된 반응형식은 예방접종의 역할을 하여서 치료 이외의 다른 대상관계에도 파급된다. 이러한 치료자와 내담자의 관계는 대인관계에서도 어느 한쪽이 다른 쪽에 대한 직접적인 방법으로 적용될 수 있다.

4. 적대자와의 동일시

대인관계에서 전이감정의 영향은 수없이 많다. 특히 아동기 주요인물에 대한 감정은 어떤 경로로든 나의 주변인에게 옮겨진다. 그 중에서도 내가 가장 싫어하였던 대상을 나 자신이 꼭 닮은 경우를 경험할 수 있다. 그 싫어하였던 대상의 감정, 행동방식이 바로 나 자신의 모습이라는 것을 알 때 당혹스럽고 난감할 때가 많다. '적대자와의 동일시'. 그 동일시는 나를 가슴 아프게 한다. 그에게 느꼈던 적대적인 감정으로 인하여, 바로 그 감정에 의한 행동방식을 그대로 타인에게 해 버리는 이 심리적 요인… 은 우리를 슬프게 한다.

구체적인 내용을 이해하기 위하여, 전이감정의 보편적인 사례를 살펴보자.

> 나는 대인관계에서 의사소통시 일방적으로 나의 의견을 관철시키고자 하는 경향성이 강하다. 그리고 타인의 의견에 대해 수용적이지 못하고 그 내용이 맞고 틀린 것에는 관계없이 반론을 제기할 때가 많다. 나의 의견을 거스르거나 거기에 대한 반박이 있게 되면 오랫동안 마음에 두고 힘들어하며, 상대방과의 관계를 지속하는데 어려움을 느낀다. 어떤 문제에 대해 서운한 마음을 가지게 되면 그 감정이 오래 가고 그 문제를 두고두고 되씹게 된다.
>
> 타인과의 의사소통에 대한 문제는 어릴 적 할아버지와의 관계에서 많은 영향을 받은 것 같다. 할아버지께서는 완그하시고 내게 매우 두려운 존재이셨는데 우리 부모님이나 할머니, 심지어 동네분들도 할아버지를 어려워했다. 할아버지는 거의 많은 시간을 집에서 보내셨기 때문에 우리 집에는 친구들이 놀러올 수 없었으며 집안에서 큰소리를 낸다는 것은 상상하기도 힘든 일이었다. 집안의 모든 일은 할아버지를 중심으로 돌아갔으며 할아버지의 기분을 살피는 일이 중요했다. 식사시간에도 거의 가족들은 대화를 나누는 일이 없었다. 나는 그런 할아버지가 너무 무서웠고 할아버지와 함께 있는 시간에는 항상 긴장되었고 그 자리를 피하고 싶다는 생각을 했다.
>
> 할아버지와 관련한 잊을 수 없는 기억이 두 가지가 있다. 첫 번째 기억은 내가 초등학교 입학하기 전의 일로 기억하는데 어느 날 밤 우리집 고양이가 제비를 물어 지붕으로 올라간 일이 있다. 이 일로 집이 매우 시끄러워졌고 우리 가족 역시 동네분들이 나와 코라는 소리에 모두 밖으로 뛰어나오게 되었다. 그런데 내가 할아버지 신발인 것을 살펴보지 못하고 할아

버지의 신발을 신고 나갔고, 할아버지는 이때 고양이를 때리기 위해 고무줄 긴 것을 들고 나오셨다. 어떻게 해 볼 사이없이 고양이는 다른 곳으로 도망을 가버렸고, 모여있던 사람들도 모두 집으로 돌아가려고 흩어지던 때에 할아버지가 다짜고짜 아무 말씀도 없이 들고 계시던 고무줄로 나를 때리기 시작하셨다. 난 너무 당황하고 무섭기도 하면서 창피하다는 생각도 했던 것 같다. 한참을 맞고 난 뒤에야 내가 할아버지 신발을 신고 있었다는 것을 알았다. 난 억울하고 화가 났지만 표현할 수는 없었고 그저 많이 운 기억이 난다.

그리고 부모님이 내 역성을 들어주지 않은 것이 많이 서운했는데 방으로 들어와 엄마가 속상해 하시며 우는 모습을 보고나니 할아버지가 밉다는 생각이 더 들뿐이었다.

두 번째 기억도 역시 초등학교 입학 전으로 할아버지가 밖에 계시면서 집안을 들어가는 나를 향해 심부름을 시키셨는데 나는 그것을 알아듣지 못하고 집에서 마루에 앉아 엄마가 늦은 점심을 드시고 계신 걸 보고 있었다. 시간이 조금 지나고 할아버지가 집을 들어오셨고 앉아 있는 나를 발견하시고는 마당에 있던 연탄집게를 들어 후려치셨다. 발목을 맞았지만 아프다는 생각은 들지도 않았고 도망은 쳐야 한다는 생각도 들지 않았다. 그냥 그 자리에 주저앉아 고스란히 매를 맞았다.

이 두 기억은 내게 있어 두고두고 기억되며 다른 상황에서의 할아버지에 대한 기억이나 좋았던 감정은 거의 떠오르지 않는다. 난 할아버지의 일방적인 행동이나 지시에 대해 반감을 가지고 있었고 항상 대들고 싶다는 생각과 뭔가 억울하다는 생각을 가지고 있었지만 그것은 표현할 수는 없었다. 하지만 내가 생활에서 사람들을 만나 관계를 맺을 때 내가 바쁘다고 생각하던 할아버지의 행동양식은 그대로 닮아 있다는 것을 느끼게 되었다.

칭찬에 인색하고 비판적이며 자신의 주장만을 내세우는 이런 모습은 나도 모르는 새 할아버지를 내 안에서 동일시하고 있다는 생각이 든다. 반감을 가지거나 비판하던 대상에 대한 동일시를 적대자와의 동일시라고 배웠는데 나에게서 발견되는 이런 모습이 그 예라 생각된다. 그러면서도 나는 권위있거나 높은 위치에 있는 사람들에 대해서 어떤 관계를 형성하기도 전에 반감이 들고 그들의 단점부터 찾아내어 깔아 뭉개버리고 싶어하며 내게 이익이 될 수도 있는 관계인데도 관계를 유지하지 못한다. 또 가끔은 돌아가신 할아버지에 대해 품고 있는 나쁜 감정에 대해 죄책감을 가지고 있다. 이제는 할아버지에 대한 서운한 감정이 없다고 혼자 생각해 보지만 다시 문득문득 할아버지에 대한 서운한 감정이 올라오면 할아버지도 밉지만 아직까지도 그런 기억을 해내고 있는 내가 싫고 옹졸하다는 생각을 한다.

내가 대인관계에서 과거 할아버지의 행동양식을 많이 닮아 있음에 처음에는 당황스럽고 아닐 것이라고 생각했다. 하지만 전반적인 내 행동이나 언어적인 반응들이 할아버지 모습의 일부분을 그대로 옮겨 놓은 듯한 것이 왜일까 되짚어 보면서 내게 있어 할아버지는 굉장히 큰 위치를 차지하고 있는 분임을 알 수 있었다. 할아버지에 대해 애정을 얻고 싶었으며 가족 내에서 가장 큰 권한을 가지고 있는 할아버지께 인정을 받고 싶었던 마음을 가지고 있었던 것 같다. 하지만 오히려 할아버지에게 미움을 받는 것 같다는 생각과 실제 생활에서의 나는 할아버지에게 인정받지 못했을 뿐 아니라 두 번의 사건으로 영영 배척당하고 있다는 느낌을 받은 것 같다. 그래서 할아버지로부터 받은 상처가 더 컸던 것 같으며 지금까지 영향을 미치고 있는 것이다. 현재 생활에서도 권위있고 힘있는 사람들에 대해 반감을 가지는 이면에는 그들에게 인정받고 싶다는 생각과 혹시 이들에게 인정받지 못하고 오히려 우스운 존재가 되면 어쩌나 하는 생각이 숨어 있다.

힘있어 보이는 사람에 대한 비판적인 시각을 가지고 있다고 하면서 나 역시 다른 사람들에게 힘있어 보이고 어려운 상대가 되는 것을 바라는 것 같다. 주위 사람들에게 감정표현에 인색함으로 해서 그들이 내 눈치를 보며 어느 정도 내게 인정을 받고자 하는 것이 보일 때 나도 모르게 그 부분에 대해 우쭐해지는 감정을 느낀다. 항상 내가 가장 싫다고 말하는 권위적인 사람, 차가운 사람에 대해 상당한 호감과 그들에게 인정받고 싶어하고 있다는 것을 근래에 들어 느끼고 있다.

주요내용

하나, 치료자는 해석과 중립적 태도를 유지하면서 이 욕구를 적절한 수준으로 충족과 좌절을 시킨다. 그리고 치료자에 대한 감정(적개심)과 기타 주위인물에게 갖고 있는 감정을 안심하고 모두 표현할 수 있도록 분위기를 조성한다.

둘, 내담자는 과거 어릴 때엔 감정을 억압하고 숨길 때 보상을 받았다. 그러나 치료 시에는 그와 반대로 솔직한 감정을 표현한 것에 대해서(자아기능) 강화를 받는다.

셋, 미숙한 본능과 초자아가 있던 자리에 성숙한 본능과 초자아가 성숙한 자아와 나란히 공존하게 된다.

5. 대인관계에서의 전이감정

*실행 : 현재 상대방의 행위와 그 때 일어나는 감정들이 나의 전이감정과 어떻게 연결되고 있는가를 살펴보고 토론해 보자.

1. 상대방의 행위 가운데 나에게 특별히 긍정적으로 좋은 것은 어떤 것이 있는가? 그 때 나의 구체적인 감정은?

2. 그 특별하게 좋은 느낌은 나의 어떤 전이감정과 관련이 있는가?

3. 상대방의 행위 가운데 특별히 나에게 부정적인 느낌을 주는 것은 어떤 것이 있는가? 그 때 나의 구체적인 감정은?

4. 그 부정적인 느낌은 나의 어떤 전이감정과 관련이 있는가?

6. 자기탐색 사례

1. 어느 날 배신감을 느끼게 했던 할머니

어릴 적 할머니가 우리 형제를 돌봐주실 때, 할머니는 항상 당신의 모든 것을 줄 것처럼 하셨고, 세상에서 우리 형제를 제일 사랑하고 계신다고 생각했었다. 특히 할머니가 나와 여동생, 남동생을 데리고 동네 사람들에게 당신 손자, 손녀처럼 예쁘고 착한 아이들이 없다고 칭찬하고 자랑하실 때는 어린 마음에도 뿌듯하고 할머니가 정말 세상에서 우리를, 특히 '나'를 사랑하신다고 생각했었다. 그런데 어느 날 할머니가 큰댁 사촌형들에게 하시는 것을 보고 배신감을 느꼈었다. 나나 우리 형제들 보다 큰집 형들을 더 좋아하신다는 생각이 들었다. 한마디로 밀리고 거부당했다는 느낌이었다. 현재도 할머니께 배신감을 크게 느끼고 있는 내 자신을 발견한다.

나는 사람들과의 관계에서 항상 언젠가는 저 사람도 나에게 실망을 느낄 거고, 나를 거부할지도 모른다는 불안이 깔려 있다. 아무리 지금 상대가 나를 좋게 보고, 관계가 좋게 지속된다고 해도 무의식중에 그런 불안이 생기는 것은 어쩔 수 없다. 이런 불안이 생긴 데는 어머니나 가족간의 관계에서도 영향을 받았던 것 같다. 어머니는 어릴 때부터 나에게 "너는 착하니까", "너는 걱정하지 않는다. 믿는다." 그러시며 나를 신뢰하시는 것처럼 하셨지만 내가 조금만 실수하거나, 기대에 미치지 못하고 실망시키면, 그 때 나에게 보이는 반응이 매우 직접적인 핀잔과 질책이었기 때문에 나의 가슴에 상처가 되었던 것 같다. 물론 말씀은 "괜찮다. 실수할 수도 있지. 다음엔 잘 할 수 있을 거다."라고 말씀하시는데, 표정이나 행동에서 내가 상처받고 몸둘 바를 모르게 하셨다. 따라서 항상 어머니의 표정을 살펴야 했다. 지금도 나는 상대방의 표정을 살피게 된다.

이십년이나 겪으면서 아직도 적응이 안되고 나는 남의 눈치를 살핀다. 전이감정의 영향이 오래간다. 이제 그 왜곡되어 내재된 전이감정과 현실적인 감정이 분리되어야 될텐데...

2. 아들 역할을 기대하고 믿어줬던 아버지에 대한 부담감, 불안…

"전이감정"에서 그 답을 찾을 수 있을 것 같다. 무엇이 나로 하여금 많은 일을 하게 하고 또 남들보다 더 잘해야 될 것 같아 불안해하며 특히 어떤 힘(권위)앞에서는 순응하기보다 저항하고 싶은 충동을 느끼게 되는가를...

어린 시절 우리 가정의 절대권자인 아버지는 나의 가장 든든한 울타리며 힘이었다. 아버지로부터 인정받고 지지받으면서도 인정받는 만큼 성취하지 못해 미안하고 불안했었다. 부모님들은 야무지다, 똑똑하다는 말씀으로 나보다 항상 앞질러 가시면서 "너는 우리 집의 큰아들이다." "너는 이러이러해야 한다."라는 말씀으로 항상 나에게 희망보다는 부담을 주셨던 것이 많은 일을 겁없이 하게 하지 않았나 싶다. 부담을 오래 느끼기 싫어 속전속결하는 버릇이 있다. 그러면서 점점 더 잘해야 맏이로서 아버지께 인정받을 수 있으니까 불안해 하면서도 누구와 의논하거나 도움받을 생각보다는 혼자서 하는 것에 익숙해진 것 같다. 지금 생각하면 아버지는 딸로서 나를 인정하신 것이 아니라 아들로서 기대를 걸고 인정하신 것이 나를 더 불안하게 하였던 것이 아닌가 싶다. 평소에 나는 남을 많이 배려하는 사람인 줄 알았는데 인정받고 싶어서였다는 생각은 나를 참 당혹스럽게 한다. 나의 인정받고 싶어하는 한계는 어디일까?

제5장

주요 역동 진단

나를 안다는 것은
나의 정서를 알아차리고
그 흐름(정신역동)을 이해하는 것...

1. 0-6세 시기의 중요성

한 개인이 뜻밖의 실제경험, 외부의 압력, 급작스런 변화에 어떻게 반응하는가 하는 문제는 그가 상황에 대처하는 어떤 역동을 가지고 있나 하는 것에 따라 결정된다. 그 역동의 주요 부분은 0-6세에 형성된다고 한다. 물론 6세 이후, 인생후기의 외상(trauma)에 의해 받는 영향도 무시할 수는 없다. 그러나 6세 이후의 경험에 의하여 받는 영향은 6세 이전에 그의 인격이 어떻게 형성되어졌는가에 의해 크게 좌우된다. 즉 인간은 전 생애에 걸쳐 정서적으로 학습하며 언제든지 외상의 경험을 체험할 가능성이 있으나, 이 체험에 대한 반응은 대개 외상적 경험 이전에 형성된 인격이 어떠하냐에 따라 결정된다는 뜻이다. 특히 개인이 정서적으로 상처받기 쉬운 특정영역을 외적인 인생경험이 자극했을 때 외상이 일어나게 된다. 이 영역을 주요 핵심역동이라고 한다 (Saul, 1979: 이근후 외 역).

특별히 상처받기 쉬운 정서부분들은 외부경험이 충격적으로 경험되어지는 주요 결정인자이다. 따라서 어떤 경험이 개인에게는 충격적인 일이 되기도 하지만, 또 다른 개인에게는 그렇지 않을 수도 있다. 즉, 한 사람은 어떤 일로 심하게 괴로워하지만 다른 사람은 그 일이 무덤덤하게 느껴질 수도 있다. 대인관계에서 어떤 사람이 예사롭게 내뱉은 말 한마디가 다른 사람에게는 상처가 될 수도 있다는 사실을 시사하여 준다.

다음의 구체적인 서머셋 모옴(S. Maugham)의 사례를 통하여 6세 이후의 외상경험으로 인한 고통이 컸음에도 불구하고 6세 이전의 긍정적인 주요감정으로 인하여 그 고통을 어떻게 승화시키고 있는지 살펴보도록 한다(Saul, 1979: 이근후 외 역).

모옴(W. Somerset Maugham)의 조카인 로빈(Robin Maugham)이 쓴 훌륭한 전기 「서머셋과 모옴가의 사람들」(Somerset and all the Maughams, New York: The New American Library, 1966)에 기록된 바에 의하면, 서머셋 모옴의 아동기 초기 환경은 6세부터 16세 사이의 지나친 정신적 외상의 영향을 생생하게 드러내 보여주고 있다. 윌리(로빈은 서머셋 모옴을 윌리 아저씨라고 불렀다)는 파리에서 태어났고 그의 아버지는 파리 주재 영국 영사관의 변호사였다. 부모님들은 모두 영국인이었지만 윌리는 불어만을 사용하면서 성장했다. 그의 세 형들은 대부분의 시간을 학교에서 보냈으며, 이에 따라 윌리는 뛰어난 미인이었던 그의 어머니를 독차지할 수 있었다. 모자간의 사랑은 깊었다. 그가 91세로 사망할 때까지 윌리는 그의 침대 머리맡에 어머니의 사진을 놓아 두었다. 그는 종종 어머니의 죽음에 대해 이렇게 말했다. “나는 결코 그 일을 극복하지 못할 거야.” 실제로 그는 그 일을 극복하지 못했다. 윌리가 여덟 살 때 젊고 아름답고 사랑스럽던 그의 어머니는 폐병으로 인해 사망하였고 그 후 얼마 지나지 않아 그의 나이 아홉 살 때, 아버지마저 위암으로 사망하였다. 부모들과 사별한 후 윌리는 어머니의 유모에 의해 목사인 헨리(Henry Macdonald Maugham)의 보호를 받기 위해 영국으로 보내졌는데, 그 목사는 엄격하고, 인색하며, 아첨쟁이일 뿐만 아니라 신사인 체하는 사람이었다. 윌리와 유모가 그 곳에 도착한 바로 그 날, 그 목사는 그녀까지 부양할 만한 여유가 없기 때문에 그녀는 돌아가야만 한다고 그에게 말했다. 그래서 윌리는 그 때부터 말도 통하지 않는 이국땅에 남겨지게 되었고, 기술학교에 보내졌으며, 그곳에서 그는 학생들과 선생들로부터 잔혹한 취급을 받았다. 이런 사실은 그의 걸작품「인간의 굴레(Of Human Bondage)」에서 이야기되고 있다. 게다가 그는 말더듬 증상이 너무 심하여 얼마동안은 한마디 말도 할 수 없을 때가 있었다. 그는 늘 정신적 고뇌 속에서 몹시 불행했다. 그러나 그는 어느 정도의 강인함과 완고함으로 인해 살아남을 수 있었다.

6세부터 16세 사이에 겪은 모옴(S. Maugham)의 정신적 상처는 자신을 붕괴시키지는 않았으나 그의 인생을 우울, 위축, 냉소로 채색시켰다. 그러나 그는 고된 작업을 통하여 훗날 명성과 부를 안겨다 준 문학 작품으로 그러한 고통을 승화시켰다. 그러한 그의 강인함은 출생부터 6세 사이에 형성된 어머니와의 건강한 애정관계에서 비롯된 것으로 보인다. 그의 소설의 줄거리가 이러한 점을 분명하게 해 준다. 출생부터 6세까지의 건강함 때문에 그는 6세부터 16세까지의 심한 정신적 외상(trauma)에도 불구하고 생존할 수 있는 강인함을 갖게 되었던 것이다. 그러나 6-16세까지의 정신적 외상은 병리적 현상인 심한 정서문제들을 야기하였으며 그의 긴 인생을 고통스럽게 만들었다. 그가 6-16세를 지나면서 인격의 붕괴 없이 버티어 왔던 사실로 미루어 볼 때, 0-6세 사이에 충분한 사랑이 있었던 것 같다.

주요내용

하나, 6세 이후의 경험에 의하여 받는 영향은 6세 이전에 그의 인격이 어떻게 형성되어졌는가에 의해 크게 좌우된다.

둘, 출생부터 6세까지의 건강함 때문에 서머셋 모옴(Somerset Maugham)은 6세부터 16세까지의 심한 정신적 외상(trauma)에도 불구하고 생존할 수 있는 강인함을 갖게 되었던 것이다.

2. 대인관계에서의 정신역동

대인관계에서 우리는 다양한 부분에서 상대방을 이해하여야 한다. 미혼인가, 독신인가, 기혼인가? 기혼이라면 몇 명의 아이를 둔 사람인가? 부부의 정서적 관계는 어떠한가? 남편이 아내를 학대하는 스타일은 아닌가? 부자인가 혹은 지독하게 가난한 사람인가? 몇 형제 중 몇째인가? 부모를 모시고 사는가? 그는 늘 벗어날 수 없는 짐을 지고 고통스러워하고 있는가? 배우자의 성격은 어떤가? 그런 배우자가 그에게 좋은 역할을 하는 사람인가? 부모역할은 제대로 하고 있는가? 삶의 현실을 조정하는 외적, 내적 자원과 융통성, 그리고 잠재력은 무엇인가? 이와 같은 그의 현실과 정서문제에서 발생하는 상호관련된 역동은 무엇인가? 등등... 제대로 상대방을 이해한다는 것은 이렇게 많은 자료가 필요하고 시간이 요구된다. 섣불리 나의 입장에서 상대방의 일면을 판단하는 것은 조심해야 할 부분이다. 아주 가까운 관계이거나 전문가의 입장이라도 이 모든 자료를 다 수집하여 상대방을 제대로 이해하기란 쉽지 않다. 그러나 나 혹은 상대방의 환경적, 물리적, 대인관계적 틀 속에서 당사자가 느끼는 정서가 편안한가 편치 않는가 하는 것에 초점을 맞추어 보는 것은 모든 자료를 포괄하는 하나의 지침이 될 수 있다. 즉 그 사람의 감정상태를 통하여 행복한가 불행한가를 알 수 있다는 뜻이다.

우리는 현실적인 세계에서 생활하고 있다. 자신의 현실세계의 전체모습은 행동이나 동기 면에서 감정적으로 어떻게 살아가고 있는지 즉 우리의 정서적 생활방식이 어떠한지를 확인함으로써 알 수 있다. 당면한 현실상황에 대한 철저한 파악은 대인관계에서 발생되는 상호 감정문제를 이해하는 데 대단히 중요하다. 거꾸로 우리의 감정에 대한 철저한 파악은 현실생활을 이해하는 데 중요한 자료이다. 그 이유는 감정문제로 인한 기본 역동과 현재의 대인관계 방식은 깊은 상호작용을 하기 때문이다.

특히 결혼은 대인관계 중에서 가장 깊은 관계이다. 왜냐하면 결혼은 아동기 양식을 두 성인이 서로서로에게 반복하는 특별한 경우이기 때문이다(Saul, 1979).

처음에 두 사람의 관계는 성숙된 자아로 인해 어느 정도의 안정감과 조화를 이루는 듯 하다. 그러나 친밀감이 깊어지고 감정교류가 깊어질수록 억압되었던 과거 아동기 양식이 빠른 시일 내에 서로에게 드러나게 된다. 즉 초기 아동기부터 억압되었던 이 양식(아동기 감정양식)이 서로가 가까워지면서 성인판으로 부활되는 것이다. 부부간, 부모-자녀간, 고부간, 동서간 등의 가까운 가족관계나 직장 내의 인간관계에서 발생하는 서로의 양식은 각자의 아동기 양식의 부활을 보여주고 있는 것이다.

결혼생활에 있어서 아동기 양식이 가장 중요하게 표현되는 경우는 그 무엇보다도 자녀에 대한 부모의 태도이다. 부모는 직·간접적으로 자신의 고정된 양식(주요역동, 핵심적인 감정)을 표현하면서 때로는 자녀를 어떤 인물과 동일시하여 자녀를 그러한 인물로 규정짓고, 괴롭히기도 하고 기대하기도 한다. 이러한 경우 부모의 아동기 양식이 좋은 부모역할을 하도록 작용한다면 자녀가 건강하게 성장하도록 이끌어 줄 수 있다. 그러나 문제가 되는 역할로 작용한다면 자녀는 부모에게 고통을 당한다. 자녀가 그 고통을 이겨내지 못하면, 비행으로 빠지거나 정서적인 문제를 안게 될 수 있다(Saul, 1977). 이에 대한 사례는 가족치료, 청소년 상담장면에서 자주 발생되는 것이므로 일일이 나열할 수가 없을 정도이다.

직장이나 기타 조직체에서 오랜 시간 함께 한 동료 역시 마치 가족관계와 다름없이 친밀한 관계이다. 그러므로 개인의 아동기 양식이 상대방에게 미치는 긍·부정적 영향에 따라 행복한 직장생활을 영위할 수도 있고, 힘이 들고 우울하여 기회만 있으면 그만두고픈 생활을 가질 수도 있다.

따라서 건강한 대인관계를 위해서는 우선 자신의 출생부터 6-7세까지의 아동기 감정양식을 객관적으로 분석·진단하여 제대로 이해하여야 한다. 물론 이 양식이 매우 긍정적인 부분이 많아서(스스로 생각하기에) 대인관계에서 좋은 영향을 미친다고 느끼는 사람은 굳이 탐색하여 보지 않아도 된다. 그러나 만약 개인적인 성장과 부족한 부분의 치료를 위하여 자신의 감정양식에 대한 적절함을 타진해 보고자 한다면 전문가를 방문하여 면담을 한다거나 전문교육을 받는다든지 혹은 독서나 연구를 통하여 자기분석을 할 수도 있을 것이다. 물론 이러한 것들은 시간과 비용과 수고가 필요하며, 그렇게 한다고 해도 한꺼번에 해결되는 것도 아니다. 그러나 자신의 대인관계방식과 문제점에 대비해 스스로의 정신역동에 대해 알고 대처하는 것은 아마도 미래의 사회생활에서 발생될 수 있는 필연적인 문제점에 대비한 효과적인 한 방안이 될 것이다.

주요내용

하나, 친밀감이 깊어지고 감정교류가 깊어질수록 억압되었던 과거 아동기 양식이 빠른 시일 내에 서로에게 드러나게 된다. 즉 초기 아동기부터 억압되었던 아동기 감정양식이 서로가 가까워지면서 성인판으로 부활되는 것이다.

둘, 부모는 직·간접적으로 자신의 고정된 양식을 표현하면서 때로는 자녀를 어떤 인물과 동일시하여 자녀를 그러한 인물로 규정짓고, 괴롭히기도 하고 기대하기도 한다.

* 뒷 페이지 「감정세력의 진단」을 강의자의 지시에 따라 직접 실습해 보고 토론해 보자.

3. 역동영향의 다양성

과거의 역동이 현재 대인관계에 미치는 영향은 매우 다양하다. 과거의 A에 대한 긍정적인 감정세력이 현재 B에게는 유사한 긍정적인 감정으로 C에게는 부정적으로 영향을 미칠 수도 있고, 과거 D에 대한 부정적인 감정 세력이 현재 E에게는 긍정적으로 F에게는 D에게 느꼈던 유사한 부정적인 감정이 그대로 영향을 미칠 수도 있다. 그 내용을 구체적으로 보도록 한다.

첫째, 긍정적인 감정흐름의 영향이 비교적 긍정적으로 영향을 미치지만, 대상과 상황에 따라서는 부정적인 영향을 미칠 수도 있다(그림 4 참조).

예컨대, '父'로부터(A) 인정과 사랑(a1)을 받아 왔다고 하자. 그러한 감정은 대인관계에서 특히 유사한 사람(A′)에게 비교적 따뜻한 감정(a3)을 경험하며, 원만한 교류를 하게 되는 밑거름이 된다. 그러나 상대가 나보다 더 인정받을 만한 사회적 가치를 지니고 있다든지(B′), 조직의 상사에게 어떤 이유로 더 관심을 받고 있다든지 하는 경우(C′)에는 경쟁심과 질투심, 부러움이 올라오면서 힘들어질 수 있다(b4, c4). 부족한 사랑을 받았던 사람이 관심을 차지하려는 역동도 있지만, 사랑을 받아왔던 사람이 계속적으로 인정에 중독이 되어 그 끈을 놓지 않겠다는 강한 욕망이 작용할 수도 있는 것이다. 또한 父에게서 받은 인정과 사랑은 父와 유사한 사람에게 애착이 느껴지면 매달리게 될 수도 있으나, 유사한 사람이 아니라도 '인정과 사랑' 그 자체가 목적이 되면 제 3의 누구에게라도 그 영향이 작용된다는 뜻이다. 즉, 父(A)에 대한 긍정적 감정이 A′에게는 긍정적으로, B′와 C′에게는 부정적으로 영향을 미칠 수도 있는 것이다.

둘째, 부정적인 감정흐름의 영향은 대인관계에서 비교적 부정적으로 영향을 미치지만, 대상과 상황에 따라서는 긍정적인 영향을 미칠 수 있다(그림 4 참조).

예컨대, 의존심에 가득 찬 父(A)가 생활을 책임지지 않고 가족을 때리는 등 母를 늘 괴롭혔다고 하자. 자녀는 父에 대한 적개심, 무시하고 싶은 심정(a2)을 가질 수 있다. 동시에 그것을 책임지고 묵묵히 받아들였던 母(B)에 대해서는 연민의 정(b1)을 가질 것이다. 그런데 父와 같은 성실하지 못하고 책임감 없는 사람(A′)을 만났다고 할 때 父에 대한 전이감정으로 인하여 A′를 본래의 A′보다 아마도 더욱 더 경멸, 무시하는 등 적개심을 지닐 것이다(a4). 그러나 책임감 있고 성실한 B′에게는 매우 우호적이며 도와주려는 자세를 누구보다도 더 민감하게 취할 수 있다(b3). 또한 자신 역시 독립적인 사람으로 커 갈 수 있다. 특히 母와 같이 피해를 보는 듯한 사람(B′)에게는 즉시 도와주고 싶은 마음(b3)을 가질 수 있다는 뜻이다. 그리고 그 B′에게 권위적으로 대하고 지시하는 또 다른 C′에 대하여 적대감(c4)을 느낄 수 있는 것이다.
즉, 父에 대한 감정은 A′와 C′에게는 부정적으로 B′에게는 긍정적으로 영향을 미치는 것이다. 또한 母에 대한 감정은 B′에게는 긍정적으로 C′에게는 부정적으로 영향을 미치는 것이다.

이렇게 대인관계에서 흐르는 정신역동을 객관적으로 탐색해 볼 수만 있다면 지금 현재 여기에서 흐르는 상대에 대한 나의 감정흐름이 합리적인지 그렇지 못한지에 대하여 판단할 수 있게 된다. 특히 대인관계에서 자신의 정신역동을 들여다 볼 때 무조건 긍·부정적으로 느끼는 것 자체가 중요한 것은 아니며, 그것이 한편에서는 어떤 영향을 미치며, 또 다른 한편에서는 어떤 영향으로 나가고 있는지에 대한 객관적인 분석이 요구된다. 그러한 분석과 진단은 자신의 정신역동을 객관적으로 의식화시킬 수 있는 방법이 되어 왜곡된 대인관계방식을 조절·통제할 수 있도록 도와 줄 것이다.

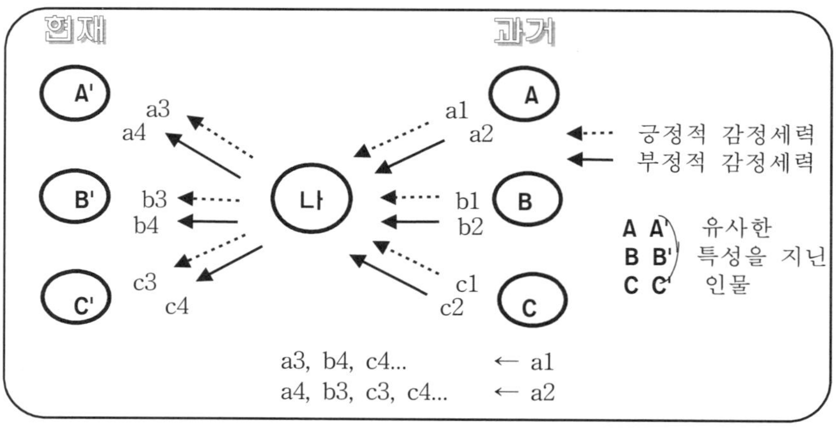

[그림 4] 역동영향의 상호관련성

4. '주요역동(박탈감)' 영향의 예

일상적인 부부관계에서 아동기 주요역동은 일정하게 영향을 미친다. 특히 의존적 욕구의 박탈감은 대부분의 부부관계에서 발생하는 문제이다. 여기에서는 부부 각자의 아동기역동, 특히 '박탈감'을 주제로 한 문제점이 결혼하면서 부부문제를 어떻게 야기하는가 하는 점을 제시하여 봄으로써(사례중심으로), 우리의 부부관계에 대하여 생각해 보자.

어느 날 한 남편이 심리치료를 받으러 왔다. 부인이 섹스를 너무나 요구해서 못살겠다고 한다. 결혼 초기에는 어느 정도 그 요구를 들어주다가 도저히 그 요구를 다 들어줄 수가 없어서 점차 약간씩 무시하였는데, 언제부터인지는 모르지만 부인은 집안일을 별로 하지 않고 아이들도 잘 돌보지 않는 식의 아주 게으른 생활을 하면서 보낸다는 것이다. 그 뿐만 아니라 집에 가면 인상을 쓰고 신경질을 내는 등 공격적인 분위기 때문에 집에도 들어가기 싫다는 것이다. 이 남편은 건실한 직장을 다니면서 경제적으로 별 걱정없게 해 주고 있으며, 아주 열심히 사회생활을 하는 사람이다. 또 남들이 하는 만큼의 가정에 대한 관심도 보여주고 있는 편이다. 상식적으로 볼 때 이런 류의 남편은 지극히 정상적이며 건강한 분이다. 이 남편에게 부인이 무슨 불만이 있는지 이해하기 어려울 정도이다.

남편의 이런 얘기만 들으면 부인은 아주 이상한 사람이다. 그러나 이 부인은 사실상 에너지가 많은 사람이며 자기의 사회적인 능력이 발휘되면 상당한 수준의 잠재력을 사용할 수 있는 유능한 사람이다. 그러나 그녀는 현재 무력하고 게으른 생활인일 뿐만 아니라 섹스(?)나 요구하면서 아이들도 잘 챙기지 않는 문제성 있는 주부요 엄마요 아내인 것이다.

그렇다면 이 부인은 왜 이럴까?

남편은 과연 아무런 문제가 없는 것일까?

이 부인의 아버지는 별로 정이 없고 다소 비판적인 사람이었다. 그렇다고 폭력을 쓰고 돈을 벌어주지 않는 식의 폭군은 아니었으나 대면대면 '그 옛날 아버지'의 전형처럼 별로 사이좋게 대화하는 관계가 아니었다. 특히 어머니는 바쁜 외부의 일정으로 인하여 이 딸(부인)을 안아주거나 여유있고 따뜻하게 사랑해 줄 시간이 없는 직장인이었다. 어쩌다 쉬는 날도 자신의 몸이 피곤하여 아이를 밀어내고 귀찮아하였으며, 엄마 자신을 위하여 이 아이가 눈치를 봐야하는 식이었다.

이 부인은 가장 중요한 의존대상이었던 어머니로부터 사랑을 박탈당한 감정이 컸으며, 아버지 역시 별 다르지 않았다. 이러한 의존욕구의 상실, 박탈감은 결혼 후 가장 가까운 남편에게 강력하게 매달리는 이유가 되었다. 박탈감을 보상받는 것은 남편의 사랑이었는데, 이 부인에게는 사랑받는 방법은 섹스였다. 섹스의 쾌감은 박탈된 사랑을 보상해 주듯 강렬함을 안겨주어 박탈로 인한 우울감을 해소시킬 수 있었던 것이다. 그런데 문제는 그 박탈감의 보상을 시시때때로 받고 싶어 하는, 남편이 잘해주면 잘해줄수록 더욱 더 요구하게 되고, 그 요구를 들어주지 않으면 분노하는 악순환을 겪게 된 것이다.

부인의 입장에서 정리해 보자.

의존욕구 혹은 사랑의 욕구의 박탈감(아동기역동) → 더욱 더 매달리게 됨 → 특히 가장 가까운 배우자에게 향할 가능성 높음 → 남편은 어느 정도는 그 요구를 들어주다 점점 강도가 높아가므로 그 요구를 들어줄 수 없게 됨 → 부인은 좌절감을 느낌 → 분노감 발생 (부모에게 품었던 적개심의 전이감정) → 공격적인 행동 혹은 무기력한 우울증적인 증세로 드러남 → 남편은 부인의 드러나는 행동만 보고 거리감 느끼며 싫어하게 됨 → 부인은 또 다시 박탈감 → 더욱 더 매달림 → 남편 거부 → 좌절감 → 분노… …

이런 식으로 악순환이 된다.

이 남편은 부모로부터 많은 사랑과 인정을 받았다. 그런데 엄마로부터 받은 사랑과 인정은 항상 열심히 공부하고 난 뒤, 어떤 과목을 성취하고 난 뒤에 남겨진 보상이었다. 말하자면 조건적인 사랑에 해당된다. 자랄 때는 엄마에게 사랑과 인정을 받기 위하여 엄청나게 열심히 공부하였고, 그 덕택에 대학도 직장도 좋은 곳으로 갈 수 있었다. 그러나 이 남편은 이제는 공부가 아니라 직장에서 열심히 일을 하여야 인정받고 사랑받을 수 있다는 욕구에 사로잡혀 있다.

이제 공부대신 일 그 자체인 것이다. 공부르 인정받던 그 조건적인 사랑의 자리에 열심히 일을 하는 것으로 바뀐 것일 뿐이지 삶의 방식은 동일하다.

만약 이 부인이 남편의 사회적인 활동에 대하여만 만족하고 산다면 아무런 문제가 없다. 그러나 부인은 남편에게 아동기에 박탈당했던 사랑을 갈구하고 있고, 남편은 아동기에 받았던 사랑과 인정을 받기 위하여 열심히 일을 하는 것이 중요하다고 보는 것이다. 부인은 섹스를 요구한다고 하였지만(사람에 따라서 섹스가 아닌 다른 것으로 요구될 수도 있음), 사실은 부인이 바라는 것은 깊은 사랑의 표현이다. 그러나 이 남편은 부모와의 관계에서 무조건적인 의미의 사랑보다는 조건적인 사랑을 받아온 관계로 사실상 남편 역시 부인의 요구를 들어준다는 것이 어떤 것인지 알 수 없고 답답하기만 한 것이다. 서로가 공허하고 안타깝다. 어떻게 해 주어야 한단 말인가 갑갑하기 그지없다.

이 시점에서 두 사람은 만족스런 결혼생활을 위하여 무엇이 필요할까? 우선 자신과 상대방에 대한 정신역동의 이해가 필요하다. 그리고 각자 상대방에게 요구할 수 없는 부분은 무엇이며, 서로를 위하여 노력하여야 하는 부분은 무엇인지를 생각해 보아야 한다.

상대방에게 요구할 수 없는 부분을 스스로 정리하면서 조정하는 것은 성숙한 사람으로 나아가는 자세이다. 서로를 위하여 내가 무엇을 더 노력할 수 있을까를 생각하는 것은 더욱 더 성숙한 사람으로 나아가는 것이다.

만약 이 부부가 이렇게 스스로 혹은 상대방을 분석하여 각자가 어떻게 하여야 할 것인가를 연구하고 훈습한다면 서로의 눈을 보며 둘만의 의미있는 웃음을 지을 날은 결코 멀지 않으리라... 부부 각자는 강인함(내부적 힘)을 지녀야 한다. 여기서의 강인함이란 억압하지 않으면서 얼마나 많이 줄 수 있고, 얼마나 적게 필요로 할 수 있느냐는 것을 의미한다.

이러한 사례는 사실 엄밀하게 일반적인 부부생활 안으로 들어가 보면 특별한 일이 아닐 정도로 있을 수 있는 보통의 일일 가능성이 높다. 생각보다 많은 부부들은 서로에 대한 '사랑의 갈구' '존중받으려는 욕구' '인정받으려는 마음' 등으로 싸우기 쉽다. 이런저런 사건들과 말들이 오고가지만, 결국 "왜 당신은 나를 함부로 대하느냐! 내 말은 당신이 결국 날 존중하지 않는다는 거지!" "난 당신에게 따뜻한 말 한마디 듣고 싶었던 거였어. 사랑해달라는 말이지." "내가 하는 일에 당신이 좀 충분히 인정해주기만 하면 돼! 아무것도 바라지 않아." 라는 내용이다.

이처럼, 우리는 박탈대신 사랑을, 무시대신 인정을, 지배대신 존중을 받고 싶은 마음으로 살아간다는 것을 '있는 그대로' 알아차려야 할 것이다.

주요내용

하나, 긍정적인 감정흐름의 영향은 대인관계에서 비교적 긍정적으로 영향을 미치지만, 대상과 상황에 따라서는 부정적인 영향을 미칠 수도 있다.

둘, 부정적인 감정흐름의 영향은 대인관계에서 비교적 부정적으로 영향을 미치지만, 대상과 상황에 따라서는 긍정적인 영향을 미칠 수 있다.

* 현재에 다양한 영향을 미치고 있는 과거 역동을 토론해 보자.

5. 감정세력의 진단

*실행: 당신이 경험한 가정 안팎에서의 중요한 일들이나 잊지 못할 기억들은 어떤 것들이 있는가?(기뻤던 일, 슬펐던 일, 질병, 사망, 출생, 결혼, 전학 등) 그 기억들을 적어보고 토론해 보자.

1. 0-6세 시기의 가장 잊혀지지 않는 기억과 그 때의 느낌은 어떠한가?

2. 초등학교 시기의 가장 잊혀지지 않는 기억과 그 때의 느낌은 어떠한가?

3. 중등학교 시기의 가장 잊혀지지 않는 기억과 그 때의 느낌은 어떠한가?

4. 고졸 이후 시기의 가장 잊혀지지 않는 기억과 그 때의 느낌은 어떠한가?

6. 자기탐색 사례

1. 떨쳐버릴 수 없었던 가슴 밑바닥의 소외되고 밀려나는 감정…

나는 가끔 친구들이나 다른 사람들과 대화를 할 때 한 사람만 눈을 맞추고 얘기하면 자신이 소외되고 밀려나는 듯 서운하고 섭섭한 생각이 들 때가 많다. 사실, 앞 수업 시간에 선생님에 대해서도 마찬가지였다. 다른 사람들은 눈을 쳐다보아 주는데 유난히 나는 쳐다보지를 않는 듯하였다. 괜스레 서운하고 나를 별로 취급하지 않는 것 같아 마음이 영 좋지 않았다. 나는 신경도 쓰지 않나 보다 싶어 그냥 가지 말아 버릴까라는 생각까지 들었다.

지난 시간 전이감정에 대한 이해를 공부하면서, 나는 왜 이런 감정들을 느끼는지 생각해 보니 다른 사람들과의 관계에서도 마찬가지라는 것을 느끼게 되었다.

이성적으로 생각하면 별 것 아니고 모두 이해할 수 있을 것 같다. 그러다 보니 이렇게 느끼는 자신이 너무 치사하고 옹졸한 것 같아 싫기도 했지만, 감정적으로 가슴 밑바닥에서 서운하고 섭섭함을 느끼는 마음을 떨쳐 버릴 수는 없었다.

나의 열등의식 때문일까? 그렇다면 어떤 열등의식 때문일까도 생각하여 보고, 내가 유난히 인정받고 싶어하는가 관심받고 싶어하는가도 생각하여 보았다. 나름대로는 소외감정을 느낄 때 그런 것을 떨치기 위하여 끼어들어 보기도 하고 화제의 주제를 공통분모 있는 화제를 가지자고 제안하여 보기도 하였지만 그 때뿐… 조금만 나 자신이 관련된 주제에서 벗어나면 소외감을 느꼈던 것 같다.

수업시간에 선생님에 대해서도 비슷한 감정을 느끼고 아울러 전이감정에 대한 수업을 받으면서 집중적으로 나의 소외당하고 따돌림당하는 듯한 이 감정이 핵심감정이 아닐까 하는 생각이 들었다. 좀 더 깊이 생각하여 보니 내가 평소에 꾸는 꿈들이 생각났다.

가끔 꿈속에서 엄마의 꿈을 꿀 때면 흐느낌에 잠을 깬 적이 더러 있었다. 그럴 때 눈가가 축축히 젖어 있고 가슴이 쏴아 하고 저려오는 듯 아픈 마음이 오래 지속되었다. 그럴 때 나도 모르게 슬프고 가슴이 아파 울었던 적이 많았다.

30대 후반 운동을 하다 아킬레스가 터져 수술을 받은 적이 있다. 마취를 깨면서 엄마! 하고 얼마나 흐느껴 울었는지 온 집안 식구들을 울려 놓았던 적도 있었다. 많은 배려를 받고 있는 가족이 있는데도 가장 힘든 상황일 때 나도 모르게 엄마 하면서 얼마나 울었던지... 무엇 때문인지도 모르고 그냥 서럽다는 생각만이 나를 그렇게 목놓아 흐느끼게 하는 것 같았다.

젊었을 때는 나의 감정, 나의 마음을 잘 나타내 보이지 않는 내성적이고 내숭떠는 모습이 많았었다. 40대 초반 우연히 엄마에게 엄마 꿈을 꿀 때마다 나는 서럽게 많이 운다는 얘기를 하였다. 그러면서 어쩌면 엄마의 사랑이 부족해서 그런 게 아닐까 얘기를 했더니 어머니 말씀이 '어릴 때도 내 곁을 떨어지지 않을려고 그렇게 울어대더니... 심지어 화장실에 갈려고 자리를 떠도 울면서 툇마루 끝에서 몇 번이고 떨어지곤 했는데' 라고 웃으시면서 말씀하셨다. '떨어진 자리에 또 떨어지는 바보라면서, 그 때는 8남매나 되는데 유독 너만 어떻게 사랑하니? 어른이 되어서도 아직 그러느냐? 유난스럽게'라고 하셨다. 웃으시면서 '이제는 많이 사랑해 주지, 너를 얼마나 사랑한다고...' 하셨다. 그 뒤로부터 어머니는 내가 힘들어 할 때 많이 격려, 지지, 칭찬해 주시며 용기를 불어넣어 주셨다.

그 뒤로 엄마의 꿈을 꾸며 울어본 적은 없는 것 같다.

이러한 지난날을 유추해 보면서 나의 핵심감정은 유아기 때의 이런 엄마에 대한 감정이 아닐까 생각되어지며, 오랫동안 풀지 못했던 문제가 풀리는 듯 마음이 후련해지고 기쁜 마음이다. 이 글을 쓰면서 수업시간에 선생님에게 살짝 들었던 서운함과 소외감이 눈 녹듯 없어지면서 마음이 편하다. 아직 밀려난 기분을 느꼈던 것을 보면 꿈을 꾸는 정도는 아니지만 무의식적으로 내 마음속에 엄마에게처럼 누구에게나 충분히 사랑받고 싶은 마음이 잠재되어 있는가

보다. 이런 생각으로 자신의 문제에서 풀려나는 해방감을 맛볼 수 있어 짐을 벗어 놓은 듯 후련해지는 마음이다. 소중하게 나를 탐색해 보는 시간이 흘러가고 있다.

2. 너무 무서웠던 아버지, 그 덫에 걸려있는 나.

지속되는 무서운 꿈이 있다. 무언가에 쫓기고(형체는 알 수 없지만 큰 남자, 또는 남자들) 도와줄 사람을 찾지만 아무도 없는, 헐떡거리며 달리는 절박한 상황. 어제도 그 꿈을 꾸었고 상담장면에서 꿈 이야기를 하다가 놀라운 사실이 발견되었다.

기차에서 내려 집으로 가는 나를 시커먼 남자가 쫓아오고 있었다. 죽을힘을 다해 뛰었지만 역부족이었고 달려도 달려도 거리는 멀어지지 않고... 어찌어찌 집으로 들어왔고 누군가를 크게 불렀더니(아마 아버지) 동생이 '아버지 방에 있다'고 고개 짓. 다급하게 방문을 여니 벽을 향해 웅크리고 누워있는 아버지는 초등학교 4학년쯤으로 보이는 왜소한 체격- 새우처럼 구부린 등, 여윈 몸이어서 나를 도와주기는커녕 오히려 내가 보호해야할 존재로 보여 도로 문을 닫았다.

수업시간에 이 꿈 이야기를 하는 도중 떠오르는 또 하나의 꿈이 있었다.

초등학교 2-3학년쯤 어느 날 난 너무나 무서운 꿈을 꾸었다. 평소처럼 방에 앉아있었는데 밖에서 이상한 소리가 들렸다.

뼈다귀들이 부딪히는 소리!

찢어진 문구멍 사이로 밖을 본 순간!

마당에는 아버지처럼 절룩거리는 하얀 해골이 흐느적거리며 걸어오고 있었고 순간 멈춰 서서 나를 향해 고개를 휙 돌리는데, 등에서는 식은땀이 흐르고 숨소리를 내면 그 해골이 내게 달려들까 두려워 손으로 입을 틀어막고 숨을 참다가 눈을 떴다. 밖은 겨울의 새벽빛이 회색으로 물들었고 나는 꼼짝 못하고 눈을 뜬 채 움직일 수가 없었다. 아직도 밖에서 지켜볼 것 같은 그 해골이 내게 달려들까 봐!

어린 나이에 꾼 꿈이었지만 어른이 된 지금도 그때의 공포와 두려움이 생생하다. 그 꿈이 무얼 뜻하는지 알 수는 없었지만 그 해골은 나의 뇌리에 각인되어 버렸다. 절룩거리며 흐느적대는 모습과 공포스럽고 숨막히던 어린 나의 느낌이...

이 교육을 받으면서 어린 시절 그 꿈의 의미를 알 수 있었다. 이유는 알 수 없었지만 아버지의 숨소리, 발소리에도 숨을 죽이고 겁을 먹던 내 두려움과 공포가 최악의 형상으로 나타났고 나의 무의식 속에 자리한 아버지라는 의미는 주체하기 힘든 거대한 공포와 두려움 그것! 그 자체였었다는 걸......

그 아버지의 존재가 지금도 내 삶의 구석구석 자리하고 있어 '어두운 광속에 가두고 밖에서 자물쇠를 채우고 그 자물쇠조차도 테잎으로 꽁꽁 발라버린' 아버지에 의해 어찌할 수 없는 절망의 구덩이에서 꼼짝할 수 없는 좌절에 빠져있던 나의 인생!

불행하다는 말은 어쩜 행복의 다른 표현일지도 모른다고 생각할 만큼 나의 정신세계는 황폐하고 황량한 것이었다.

어린 시절부터 난 어둠에 갇혀 빛을 볼 수 없는 절망의 시간들을 지나왔다. 그것이 어두움이라는 것조차도 생각해보지 못한 채......

아버지의 거듭되는 '이유를 알 수 없었던' 폭력 앞에 그저 그 시간이 빨리 지나가 버렸으면 좋겠다는 간절함이 유일한 소망이고 바램이었던 힘없고 나약한 존재!

상담을 통해 나의 내면을 들여다보는 힘이 생기면서 내가 꾼 두 가지의 꿈이 하나로 엮어지기 시작하는 것이다.

여전히 불안하지만 불안의 근원인 아버지는 이미 '새우처럼 웅크린 나약한 존재'인데 나는 여전히 그 아버지를, 세상을 불안해하고 있는 어처구니없는 모습이라니!

회를 거듭할수록 내 안의 무언가가 변화됨을 깨달을 수 있었고 이제 나는 아버지의 그림자에 갇혀 있는 나를 풀고 스스로 빠져 나오는 힘을 찾기 시작한다.

제 II 부
교정적 사후교육

누구나 가지고 있는 손댈 수 없는 부분… 이것을 어떤 사람은 단점이라고, 제일 큰 문제점이라고, 고칠 수 없는 부분이라고 말하지만, 어떤 사람은 매력이라고, 장점이라고, 특별한 부분이라고 말할 것이다. 만약 그것을 부정적인 의미로 받아들이는 사람이 있다면, 이 점을 '여백'이라고 생각하면 어떨까?

여백... 동양화의 여백이 헛점으로, 단점으로 보였던가? 여백이 있기 때문에 아름다운 것... 꽉 차 있음으로 해서 오는 충만감도 즐겁지만, 여백의 너그러움을 보는 것도 때로는 행복하지 않겠는가? 여백의 예술품을 감상할 수 있는 눈... 개인의 정신역동에서 발생한 손댈 수 없는 부분을 여백으로 받아들이고 즐기는 안목...

제6장

기존의 대인관계 방식

미숙한 사람일수록
자기는 자기를 인정하지 못하면서
상대가 자기를 인정해 달라고 한다.

1. 생활 속의 방식 : 방어기제

많은 사람들이 인간관계를 함에 있어서 이성적이고 직접적인 방법으로 불안을 통제하기가 어려울 때가 많다. 이 때 불안하거나 붕괴의 위기에 처한 자아를 보호하기 위해 인간이 무의식적으로 사용하는 사고 및 행동수단을 방어기제라고 한다(Freud, A., 1937). 우리 모두는 나름대로의 방어기제를 갖고 있는데, 반복적이고 습관화된 방어기제는 그의 정신적 건강을 체크해 볼 수 있는 척도가 된다.

방어기제는 성격발달의 수준이나 불안의 정도에 따라 여러 가지 형태로 나타나는데, 대체로 비현실적으로 혹은 무의식적으로 작용한다. 따라서 그 대처가 적절하지 못한 방식이 되기 쉬우나 어느 정도의 방어기제는 사실상 불가피하며 오히려 자아를 지켜주는 힘이 되고 있기 때문에 불건강하다고는 할 수 없다(Freud, A., 1937). 구체적으로, 방어기제는 가장 미숙하고 병적인 것부터 성숙하고 건강한 것까지 단계에 따라 나눌 수 있으며, 성숙한 방어기제로 4가지(억제, 이타주의, 승화, 유머)를 들고 있다(Vaillant, 1977). 그 구체적인 내용을

<표 1>를 통하여 살펴보도록 한다.

<표 1> 생활 속의 방어기제

종류	내 용
억압	의식하기에는 현실이 너무나 고통스럽고 충격적이어서, 무의식 속으로 억눌러 버리는 것을 말한다. 억압은 다른 방어기제나 신경증적 증상의 기초가 된다.
부인	고통스러운 현실을 인정하지 않는 것을 말한다. 사랑하는 사람의 죽음이나 배신을 인정하려 들지 않고 사실이 아닌 것으로 여기는 것이 그 예이다.
투사	자신의 심리적 속성이 타인에게 있는 것처럼 생각하고 행동하는 것이다. 자기가 화가 나 있는 것은 의식하지 못하고 상대방이 자기에게 화를 내었다고 생각하는 것이 그 예이다.
고착	다음 단계로 발달해 나가는 것이 불안해서, 현 단계에 그냥 머물러 버리는 것을 말한다. 어른다운 행동과 사고를 해야할 성인이 되었는데도 학생수준의 행동 및 사고방식에 머물러 있는 경우가 그 예이다.
퇴행	비교적 단순한 초기의 발달 단계로 후퇴하는 행동이다. 예컨대, 동생을 본 아동이 나이에 어울리지 않게 응석을 부리는 것. 어른이 코맹맹이 소리내면서 얘기하는 것…
합리화	현실에 더 이상 실망을 느끼지 않으려고 그럴듯한 구실을 붙이는 것을 말한다. 예컨대, 지는 것이 이기는 것이다. 아파트 평수 크면 청소하기 귀찮다.
치환	전혀 다른 대상에게 자신의 감정을 발산하는 것을 말한다. '동대문에서 뺨 맞고 서대문에서 화풀이하는 격'이다. 예컨대, 남편에게서 화난 것을 큰아이에게 푼다.
반동형성	무의식적 소망 및 좋고, 나쁨과는 반대되는 방향으로 행동하는 것이다. 실제로 자기를 학대하는 대상인데도, 그 대상을 좋아하는 것처럼 보이는 행동이 그 예이다.
승화	사회적으로 승인되는 방법을 통해 자신의 충동과 갈등을 발산하는 것을 말한다. 예컨대, 공격적 충동이 있는 사람이 권투선수나 외과의사와 같은 직업을 선택함으로써 그 충동을 사회화(승화)시키는 것 등이다.
억제	의식에서 받아들일 수 없는 생각이나 감정을 의식적으로 마음 밖으로 몰아내는 것으로 '억압'이 무의식적으로 이루어진다는 점에서 차이가 있다.
이타주의	자신의 욕구를 자제하고 타인의 욕구에 관심을 갖는 것.
유우머	자신이나 자신이 처한 상황을 즐겁게 웃어넘길 수 있는 능력으로 이는 정신건강을 위하여 무한히 가치있는 요소라고 할 수 있다.

주요내용

하나, 불안하거나 붕괴의 위기에 처한 자아를 보호하기 위해 인간이 무의식적으로 사용하는 사고 및 행동수단을 방어기제라고 한다.

둘, 방어기제는 성격발달의 수준이나 불안의 정도에 따라 여러가지 형태로 나타나는데, 대체로 비현실적으로 혹은 무의식적으로 작용한다. 그러나 어느 정도의 방어기제는 사실상 불가피하며 오히려 자아를 지켜주는 힘이 되고 있기 때문에 불건강하다고는 할 수 없다.

* 주로 사용하는 방어기제를 서로 토론해 보자.

2. 투쟁과 도피반응

인간의 무의식 역동으로 인한 행동방식은 다양하다. 그 방식이 드러나는 것이든, 드러나지 않든 인간은 위급한 정신현상에서 발생되는 특별한 적응기제(mechanism of adoptation)를 필요로 한다. 사회학적으로 도피는 알코올 중독, 약물중독, 종교에로의 철수 등에서 뚜렷하게 보여주고 있으며, 투쟁은 범죄, 자학행위, 폭력 사용에서 보여주고 있다(Freud, 1940).

우리는 일생에 걸쳐 드러나는 부분에 대해서는 어느 정도 확실하게 이야기할 수 있다. 신경증은 훨씬 이후까지 그 모습을 드러내지 않는다 하더라도 초기 아동기 동안(6세까지) 형성되는 것으로 여겨진다. 모든 사례에서 신경증은 그 출발지점인 아동기에 이러한 조짐이 나타난다. 우리는 최초의 아동기 동안 이러한 경향성을 보다 쉽게 설명할 수 있다. 신경증은 우리가 아는 바와 같이 자아기능 장애이다. 따라서 자아가 약하고 미성숙하며 견뎌내지 못했기 때문에 성장 후, 보다 쉽게 처리할 수 있는 문제를 다루는 데 실패한다는 사실은 놀랄 바가 아니다. 무기력한 자아는 도피(억압)에 의해 이러한 문제들을 막아내는데, 이러한 도피는 나중에 비효율적임이 판명되며 더 이상의 발전을 저해하는 영구적인 장애를 초래한다.

프로이드(Freud)가 투쟁반응, 즉 적개심과 공격성에 대해 직접적으로 언급하지는 않았으나 「죽음의 본능」이라는 용어를 사용하면서 논의한 바 있다. 아마도 적개심을 외부로 공격하면 투쟁반응이 될 것이다. 내부로 들어가면 도피반응이 되어 죄책감, 수치감을 느낄 수도 있을 것이다.

대인관계에서 도피는 회피하는 내면적 기제로서 현재 나에게 닥친 상황을 직면하기가 두렵거나 불안하여 여러 종류의 방어기제로서(억압, 부인 등) 그 자극을 피하려는 것이다. 의식적인 도피도 있겠으나 도피자체가 자동화되어 스스로 회피하고 있는 것조차도 모를 정도로 습관화되어 있는 것이 보통이다. 더욱이 도피방식은 타인의 관계에서 '직접적인 마찰이 없고 사람 좋다'라는 평가가 있기 때문에 그것 자체가 자신을 합리화시키는 좋은 도구가 된다. 한마디로 압박요인을 피하는 퇴행경향성으로 나타나는 것을 도피반응이라 볼 수 있다.

투쟁하는 유형의 사람들은 적개심이 표출되고 공격적, 파괴적인 경향이 상대방에게 드러나기 때문에 외부의 압박요인을 파괴하려는 강한 충동을 느낀다. 대인관계 내에서 그들은 상대방에 대해 적대적인 감정을 지니고도 있으나 적극적인 자기 주장의 자세 역시 취하고 있으므로 자신감과 독창성이 엿보이기도 한다. 그러나 이들 역시 내적 압력을 즐이려는 시도에서 나온 것이므로 신경증의 한 표현방법이라는 점에서는 도피와 동일하다.

개인의 책임감 발달과정에서 보면 투쟁-도피반응은 퇴행과 연관되어 있음을 알 수 있다. 즉 (1) 책임회피는 일반적으르 열등감, 자기도취, 투쟁-도피반응의 감정을 야기시킨다. (2) 책임을 수행하면서도 이에 항의하는 상태 역시 투쟁-도피반응을 일으킨다. 퇴행심리의 세부점들이 무엇이든지 간에 그 주요 효과는 일반적으로 책임을 포기하는 경향성이다. 현실철수는 대인관계로부터의 철수이며 자기와 타인에 대한 책임 회피이다(Saul, 1979).

투쟁과 도피반응은 비록 오랫동안 억압되어 있었다 할지라도 정신치료자에 의해 임상적 증상에서 충분히 관찰되어진다. 또한 현실생활에서 발생하는 정신현상을 스스로 자각할 능력이 발달되면 이 두 반응을 뚜렷이 의식할 수 있게 되어 자신을 스스로 조절, 통제하는 것이 가능하게 된다. 그 구체적인 내용은 <표 2><표 3>과 같다.

주요내용

하나, 적개심이 외부로 나오면 분노감, 공격심이 나타날 수 있고, 내부로 들어가면 죄책감, 수치감을 느낄 수 있을 것이다.

둘, 퇴행심리의 세부점들이 무엇이든지 간에 그 주요 효과는 일반적으로 책임을 포기하는 경향성이다. 현실철수는 대인관계로부터의 철수이며 자기와 타인에 대한 책임 회피이다.

3. 문제가 되는 관계방식: 행동이나 대화방식 등

<표 2> 내면적인 관계방식

투쟁형	도피형
' 거짓말, 속임 ' 공격성, 적개심 ' 지배, 뽐내기 ' 샘내기, 경쟁하기 ' 고집, 오기 부리기 ' 말대꾸, 반항 ' 논쟁, 따지기, 비판하기 ' 폭발, 신경질, 히스테리 ★ 긍정적 부분 : 추진력, 자신감, 보호능력 등	' 무력감, 의욕 상실 ' 자신감 저하 ' 우유부단 ' 소극적인 자세, 비활동적 ' 눈치 ' 공상, 망상 ' 수치심, 부끄러움 ★ 긍정적 부분 : 직접적인 마찰이 없다. 적대적 관계형성 안됨. 부드러움, 온화함, 따뜻함 등

<표 3> 드러나는 행동방식

유 형	내 용
흥분형	히스테리, 폭력, 신경질, 역력하게 불안, 빠른 언어, 조급한 행동 등
설교형	훈계, 설득, 논쟁, 혼자서만 말하기
판단형	비판, 분석, 비교, 비난, 상대의 이야기 듣지 않기
취조형	캐묻는 형, 부정적 예측, 창피 줌, 짐작해서 돌려 묻기, 따지기
방임형	빈정거림, 자리 피하기, 다-내 탓하기, 부적절한 칭찬
과민형	과 일반화, 선택적 축약, 긍정격하, 흑백논리, 독단적 추리

* 「주로 사용하는 관계방식」을 강의자의 지시에 따라 직접 실습해 보고 토론해 보자.

4. 주로 사용하는 관계방식

*실행 : 앞에서 열거한 관계방식에서 주로 사용하는 것을 적고 토론해 보자.

1. 자신의 내면적인 관계방식은 주로 투쟁형인가, 도피형인가?

2. 위의 유형은 어떤 경우에 주로 많이 사용하였는가(하는가)?

3. 자신의 드러나는 행동방식은 주로 어떤 유형인가?

4. 위의 유형은 어떤 경우에 주로 많이 사용하였는가(하는가)?

5. 자기탐색 사례

1. 쇠국자와 플라스틱국자

설 연휴. 시댁에서 부침개를 뒤집고 국솥을 휘저으며 문득 그런 생각을 했다.

뜨거운 국솥에 걸린 쇠국자를 무심코 집었을 때, 엄청 뜨거웠다. 그러나 부침개를 뒤집는 플라스틱 부침 뒤집개는 뜨겁지 않았다. 뜨거운 척하지 않고, 잘 견디는 척하던 플라스틱은 결국 더 뜨거운 열에는, 자신이 감당할 수 없는 지점에선 녹아내린다.

조그만 열에도 '으악, 나 뜨거워, 더워!' 외치던 쇠국자는 더 뜨거운 열에도 끄떡없었다.

사실 감당할 만한 능력도 되지 않았으면서 사람 좋은 척, 착한 척, 다 수용하는 척하다 아무도 없는 밤이면 혼자 힘들어하고 절망했던 날들이 문득 떠올랐다.

아주 어렸을 적부터 들었던 어른들의 말씀, 철이 들면서 읽었던 책들, 그리고 여러 가지 경험들로부터 내가 얻어낸 결론은 아름다운 사람이 되라는 것이었다. '사막이 아름다운 것은 오아시스가 있기 때문'이듯이 험난하고 삭막한 세상 속에 한 줄기 시원하고 맑은 샘물과 같은 사람. 그 어디서든 저 머무는 곳, 제가 몸담은 곳을 아름답게 할 수 있는 사람이고 싶었다.

그러했기에, 처음 직장생활을 할 때, 항상 웃는 얼굴로 생활했으며 주위 사람들의 부탁을 기꺼이 즐겁게 들어주었다. 그러나 그 부탁의 횟수가 잦아지고 정도가 심해짐에 따라 나는 조금씩 힘겨워하고 있었다.

정식교사가 되지 못한 기간제 교사 시절, 아직 컴퓨터가 그리 보편화되지 않은 학교에 여러 선생님들께 컴퓨터의 기능 하나하나를 가르쳐 드려야 했고 그들의 시험 문제까지 내 주어야 했다.

야간 자율 학습시간, 학교에 남아 정식교사가 되기 위한 임용 시험 공부를 하던 나에게 심지어 그들의 점수 따기를 위한 무슨 연구

학교, 시범학교 서류 워드 작업까지 부탁했다.

늦은 밤, 피곤한 몸으로 자취방에 돌아온 나는 책상머리에 앉아 일기장을 펴들고, 어떻게 살아야할지를 치열하게 고민했고... '그래, 내 작은 노력으로 세상이 조금이나마 아름다워진다면...'이라 되뇌며 나 자신을 애써 달래기도 했지만 정작 나 자신은 세상을 아름답게 느끼지 못했고 내가 배려하는 만큼 나를 배려해주지 않는 사람들에게 원망감을 쌓아가고 있었다. 사람들은 나에게 '정말 사람 좋다'거나 '천사표'라는 등의 말을 했지만 그들 앞에선 웃으며 부탁을 들어주면서도 뒤에서 힘겨워 하는 나의 모습이 이중인격자처럼 느껴져 혐오스러운 때도 있었다.

그러던 어느 날, 누군가로부터 상담 공부를 하자는 이야길 들었다. 속으로 코웃음을 쳤었다. '나처럼 착하게 살려고 애쓰는 사람이 왜 상담을 받아야 하나? 항상 나보다 남의 입장을 먼저 생각하고, 배려하는데... 다들 나처럼만 살아간다면 세상엔 상담 따윈 필요없을 텐데...'

그러나 상담 공부는 나 같은 사람이 반드시 해야함을 깨닫는다. 행복한 세상을 만들기 위해선 먼저 내가 행복해야함을. 내 몸담은 곳을 아름답게 만들기 위해선 내가 힘들고 고통스러워선 절대 안 된다는 것을. 정작 저 자신의 욕구와 감정도 배려하지 못하면서 남을 배려하겠다는 것이 그 얼마나 어리석은 행동이었던가를.

자기를 속이지 않고 타인을 기만하지 않는 솔직한 지혜를 국자를 보며 다시 한 번 배운다.

2. 억압된 감정의 분출을 아내에게...

집단 상담에 참여하게 된 첫 시간에는 상당한 불안감, 긴장감, 소외감을 느꼈다. 이 집단에서 무엇을 어떻게 해야 하는가, 내가 수용될 수 있을까, 부부를 제외한다면 남자는 유일하게 혼자뿐이지 않는가 등의 염려가 있었던 것이다.

내 자신이 주된 증상은 우울, 불면증, 성에 대한 집착, 분노폭발 등으로 문제가 심각하다는 생각이 배후에 깔려 있었다.

별칭을 '구름'으로, 회기 목표를 '분노조절'로 정하고 구성원들 자신의 심리 역동을 탐색하는 과정에 참여하고, 반응하고, 자신의 역동에 비추어 피드백도 주고받았다.

나는 매 회기마다 감정표현이 서투르고 자유롭지 못한 점을 느끼게 되었다. 또한, 감정을 억압하는 양식은 "가족들이 내가 얘기하는 것에 별다른 반응이 없다."는 5살 무렵의 초기 기억에 연결되었다. 이때부터 감정은 억압되어야 하는 것으로 생각했던 것 같다.

이번 학기 중간 무렵에 아내(소나기)와 함께 참여하게 되면서 마음이 좀 놓이고 부부관계를 더욱 탐색해 나가게 되었다. 이 과정 중에서, '소나기'님이 자신의 힘든 점이나 어려움을 얘기하는 것이 '나를 비난하는 것은 아니다', '나에게 섭섭하고 원망을 표현하더라도 옳고 그름을 따지기보다 심정을 이해하고 수용하는 것이 더욱 관계에 도움이 된다'는 것을 자꾸 의식하려고 노력했다. 나아가 현재의 부부싸움은 어린 시절 아버지, 엄마의 부부싸움을 재현하는 것이며, 내가 무의식중에 미워했던 아버지를 닮아 있다는 사실을 탐색하게 되었다.

감정이 억압되면 신체 곳곳에, 깊은 무의식 속에 잠재해 있다가 기회가 있을 때마다 그 세력을 발휘하는 것 같다. 엄마에게 표현하지 못했던 감정들이 가장 가까운 아내에게 폭발되는 것을 현장에서 탐색할 때, 너무너무 미안한 마음에 한참동안 눈물을 흘리기도 했다.

이 순간은 나의 방어가 무너지고 부부 싸움의 원인 제공자가 바로 '나'였다는 사실을 가슴으로, 눈물로 인식하는 순간이었다. 너무도 소중한 순간 잊을 수 없는 순간이다. 너무 미안해서 아무 말도 못했지만, 지금이라도 말하고 싶다. 당신은 나에게 가장 소중한 사람입니다. 당신은 나에게 가장 사랑스러운 존재입니다. 라고...

제7장

교정적 사후교육(1): 수용하는 방식

진실하게 수용받고 자란 사람은
자기사랑의 힘이 크고,
그것은 타인사랑으로 전환된다.

1. 교정적 사후교육

"만약 환자가 분석가를 환자 자신의 아버지(또는 어머니)의 위치에 올려놓는다면, 그의 초자아가 자아에 대해 행사하는 권한을 치료자에게도 부여하고 있는 것이다. 왜냐하면, 우리가 아는 바와 같이 환자의 부모는 환자 초자아의 원천이기 때문이다. 새로운 초자아는 신경증을 사후 교육하는 기회를 갖게 된다. 즉 새로운 초자아는 부모의 교육이 비난받아야 하는 큰 실수들을 교정할 수 있게 된다"(Freud, 1940).

프로이드(Freud, 1928)는 각 개인의 독특한 감정문제는 그 개인이 어린아이였을 때 양육된 방식의 결과이며, 이러한 아동기 양육방식이 에디프스의 특정한 형태를 결정짓는다는 사실을 알게 되었다. 이에 따라 치료의 목표는 단지 억압된 기억을 회복시키고(Breuer and Freud, 1893) 무의식을 의식화시키는(Freud, 1923) 작업 이상으로 확대되었다. 일부 분석가들은 이러한 목적에 도달

한 이후 환자에 대한 더 이상의 치료적 책임을 포기하지만 프로이드(Freud, 1940)는 부모의 큰 실수를 교정하는 사후교육을 포함시킴으로써 치료목표를 확대하였다. 사후교육이란 과거의 비뚤어진 영향들이 무엇이며, 어떻게 무의식적으로 지속되며, 현재 이러한 감정양식이 어떻게 작용하며 이러한 감정양식을 치료적으로 교정하는 데 무엇이 필요한가를 이해하고 있음을 뜻한다. 프로이드(Freud)가 말한 것처럼 아동기 양식의 지배력을 완화시키는 것은 부모나 환경의 해로운 영향을 교정하는 방식, 즉 사후교육이다. 이와 같은 의미에서 사후교육은 또한 교정적 정서경험(A corrective emotional experience)이다(Alexander and French, 1946). 파브로프(Pavlov)의 용어를 빌리면 이는 탈조건화와 재조건화 과정이다. 임상적으로, 환자는 그의 감정적 문제로 빠져 들어가는 방향에서 감정적 문제를 벗어나는 방향으로 전환하게 된다(이근후 외, 1992).

다시 말하면 발전된 정신역동적인 상담이론에서는 고전적인 입장의 분석 및 탐색작업은 그대로 유지하면서, 과거의 비뚤어진 영향이 무엇이고 어떻게 상호작용하며 그 양식을 어떻게 교정할 것인가 하는 후기교육(After education: Freud, 1923), 교정적 정서경험(Corrective emotional experience: A. Freud, 1946 , Alexander, 1948) 혹은 자아 재교육(Ego reorientation: Saul, 1979)으로 발전되었으며, 사후교육을 통해 인간관계나 일반적인 제반 상황에 대한 대처방식과 가치관이나 사고방식을 교정한다고 보아 '교정적 사후교육'이라고 칭할 수 있다(최경희, 1999).

상담장면에서 역시 아동기 시기의 중요인물과의 관계에서 발생된 전이감정을 극복하고 대상관계를 교정시키는 것은 고전적 정신분석의 입장을 발전시킨 정신역동적 상담이론의 현실적인 교육방법이라고 볼 수 있다. 즉 상담자는 내담자의 중요대상이 되어 주면서 왜곡된 대처방식을 건강한 대처방식으로 전환시킨다는 뜻이다(최경희, 1999). 이것은 프로이드(Freud, 1923)가 피력했던 것처럼 부모는 초자아의 근원이기 때문에 부모의 결점을 치료자가 재교육함으로써, 내담자에게 필요한 후기교육을 행할 기회를 갖게 됨을 의미한다. 말하자면 과거의 잘못된 부모양육태도를 상담자(혹은 치료자)에 의해서 수정한다는 뜻이 된다.

이때 가장 중요한 것은 상담자의 역할이다. 상담자는 중립적 태도를 유지하면서 이 욕구를 적절한 수준으로 충족 또는 좌절시킨다고 볼 수 있다. 프로이드(Freud, 1923)는 '자아와 본능'에서 다음과 같이 언급하고 있다. 즉 "치료자는 환자에게 치료자에 대한 감정(적개심)과 기타 주위인물에게 갖고 있는 감정을 안심하고 모두 표현할 수 있도록 분위기를 조성한다"는 것이다. 이 점은 내담자의 충동, 적개심 및 그가 보고한 자료에 대해서 과거에 부모가 비평한 것처럼 비평을 하지 않는 태도를 말한다. 말하자면 내담자는 과거 어릴 때는 억압된 감정과 숨길 수밖에 없었던 자신의 표현방법에 대해서 보상을 받았으나, 이제는 그와 반대로 솔직한 감정을 표현한 것으로 강화를 받게 된다고 볼 수 있다. 이런 과정에서 과거의 왜곡된 대처방식에 대해 자각하게 되며, 상담자에게 향했던 자신의 감정은 아동기 자신의 전이감정이었다는 것을 깨달으면서 현실적이고 객관적인 대처방식으로 서서히 변화를 시도하게 되는 것이다. 즉, 내담자는 보다 성숙한 초자아의 지배를 받게 되고 또 본능에서도 보다 성숙한 동기가 방출되면서, 본능과 초자아의 유아적 모습이 부드러워지고 완화되면 자아는 점차 확장되고 자유로워져 현실을 파악하고, 감정적이 아닌 객관적인 사고를 하는 기관인 자아에 따라 그의 선택을 결정하고 인생을 살아갈 수 있게 된다(Rado and Daniels, 1956).

따라서 프로이드(Freud, 1923)는 "유・아동기의 충동과 죄의식 및 강박에 의한 지배를 훨씬 덜 받게 되면서, 환자의 자아는 성숙한 모습을 띠게 되며 그 결과 추리력, 적응력 및 현실파악능력이 증가된다. 그와 동시에 전이감정에 압도되지 않고 객관적으로 사태를 사고하는 힘이 강해지면서 미숙한 본능과 초자아가 있던 자리에 성숙한 본능과 초자아가 성숙한 자아와 나란히 공존하게 된다"라고 보았다. 이것은 상담자와 함께 과거의 방식이 아닌 새로운 대처방식의 학습을 반복하는 동안, 즉 훈습하는 과정에서 내담자의 전이욕구와 반응은 점차로 약화되고 조절되면서 대상관계도 현실적 면모를 띠게 된다는 것을 암시한다(최경희, 1999).

이러한 교정적 방식은 대인관계에서 동일하게 이루어진다. 과거의 왜곡된 전이감정에 의해 야기된 미숙한 행동방식을 성숙한 자아를 지닌 대상을 만나게 되면서, 또는 전문적인 교육을 통하여 적응적이고 현실감 있는 행동방식으로 전환시켜 가는 것을 의미한다. 따라서 성숙한 자아기능을 행하는 대상을 만나느냐 그렇지 못하느냐에 따라서, 한 개인이 치료적 수준의 대인관계도 가능하며, 병리적 수준의 관계가 형성되기도 한다. 인간은 만남으로 자란다! 인간은 만남으로 성장한다! '만남' 이 만남이 어떤 만남인가에 따라서 성장 쪽으로 나아갈 것인가, 병리적인 쪽으로 나아갈 것인가 하는 것의 경계가 될 수도 있을 것 같다. 우리 스스로가 자신을 잘 다스려서 만남의 대상에게 건강한 관계가 되어줄 수 있다면, 치료적 대상까지 될 수 있다는 사실에 주목해야 할 것이다.

주요내용

하나, 사후교육이란 과거의 비뚤어진 영향들이 무엇이며, 어떻게 무의식적으로 지속되며, 현재 이러한 감정양식이 어떻게 작용하며, 이러한 감정양식을 치료적으로 교정하는 데 무엇이 필요한가를 이해하고 있음을 뜻한다.

둘, 부모(치료자)는 내담자의 무절제한 욕망과 충동을 무제한 충족(과잉충족)시키지도 않고 또한 심하게 좌절(지나친 결핍)시키지도 않음으로써, 건강한 대처방식으로의 전환을 점진적으로 도와준다.

2. 대화하는 자세

2-1. 대화의 5단계

대인관계에서 대화를 한다는 것은 어떻게 하는 것일까? 대화의 단계를 다음의 5가지로 나누어 생각해 보자.

첫 단계의 대화는 서로가 인사를 나누는 단계이다.

이 단계에서는 오가며 만나는 사람에게 '안녕하십니까? 오늘 날씨가 참 좋군요.' '식사는 하셨습니까?' '네, 그 쪽은 드셨나요?' 등의 대화를 나눈다. 이때 대화를 나누는 사람은 날씨나 식사 그 자체가 중요한 것이 아니라 그것을 매개로 한 상호 인사를 간단히 교환하는 것이 목적이다. 이것은 다음 대화 단계의 전초전이기도 하고 그 자체만으로 끝날 수 있는 대화라고도 볼 수 있다.

두 번째의 대화는 정보를 교환하는 단계이다.

이 단계에서는 특별한 목적이나 의도가 필요할 시, 서로가 그 목적을 위하여 의사소통을 하는 것일 수도 있고 본 대화를 시작하기 위해 상호 별다른 의미 없이 간단하게 이런저런 이야기를 교환할 수도 있다. 만약 이 대화가 어떤 의도를 지닌 대화라면 상호 목적이 달성되면 관계가 끝날 수도 있고, 친밀한 관계라면 깊은 대화를 보조하는 역할이 될 수 있다.

세 번째의 대화는 서로간의 생각이나 사고를 교환하는 단계이다.

상호간에 생각하고 있었던 내용을 사실적으로 나열하거나 주장하면서 감정은 개입되지 않고 자신의 의견을 개진하는 단계이다. '내 생각으로는 ××하다.' '나는 ××한 면에서 ××게 생각한다.' 등등 자신의 가치관이나 판단 등 평소에 생각하고 있던 내용을 서로서로에게 교환하는 단계를 말한다.

네 번째 대화는 감정을 교환하는 단계이다.

서로의 생각이나 사고를 교환하는 단계보다 진보된 단계로서 상황이나 사건에 대한 느낀 점을 교감하는 단계이므로 일반적인 대인관계에서 흔히 사용될 수 있는 대화의 단계이다. 앞 단계보다 살아 움직이는 상호관계를 느낄 수 있다. 흔히 가족간에는 이 감정의 교감을 무시하고 '이심전심이지 뭐.' '감정을 꼭 표현하여야 아느냐' '다- 알고 있겠지'라고 느껴서 이 네 번째 단계를 뛰어넘기 쉬운데 정서적인 교류가 없는 이심전심의 단계는 많은 오해를 불러일으킨다. 대인관계에서 이 단계는 한층 더 깊은 교류를 할 수 있는 장이 될 수 있다.

다섯 번째 대화는 이심전심의 단계이다.

이 단계는 이미 서로의 생각을 알아차릴 뿐만 아니라 서로의 감정까지도 깊이 교류하는 단계를 넘어서 표현하지 않아도 마음으로 서로가 통하는 단계를 뜻한다. 앞 단계를 무시하고 이심전심을 주장하기 쉬우나 정서를 밝혀 서로의 마음을 이해하지 않고는 진실된 관계를 가지기가 어렵다. 표현하지 않고도 서로의 반응을 알아차리는 단계는 오랜 시간을 보낸 후에야 가능하다. 따라서 넷째 단계를 충분히 거치게 되면서 저절로 이 이심전심의 단계를 맞이할 수 있다.

결국 위의 다섯 단계에서 첫째에서 셋째 단계까지는 정서교류가 되지 않는 단계이며, 넷째 단계 이후부터 정서교류가 되는 진정한 대화의 단계라고 볼 수 있다. 여기서 우리가 대화하는 자세를 배운다는 것은 진정한 정서교류를 바탕으로 하는 내용이 된다.

2-2. 진실한 대화

대인관계에서 상대방과 진실되게 대화한다는 것은 생각보다 어렵다는 것을 발견할 수 있다.

우리가 일상생활에서 대화라고 생각하는 것을 가만히 살펴보면, 사실상 독백을 하는 경우가 많다. 상대방이 나의 이 말을 듣고 상처를 받는지 받지 않는지, 이러한 이야기는 상대를 위로하는 말이 아니라 오히려 마음의 문을 닫게 하는 말은 아닌지, 상대는 이미 이러한 이야기는 다 알고 있는 내용이기 때문에 더 듣고 싶지 않은데 계속 말하는 것은 아닌지... 수없이 많은 사례에서 자신만의 독백을 대화라고 생각하는 경우는 허다하다. 상대방의 입장이나 마음을 고려치 않는 대화방식은 대화가 아니라 자기의 이기적인 욕구충족만을 위한 도구가 되기 쉽다.

상대방에게 설득, 설교하려는 태도...

상대방에게 충고, 조언하려는 태도...
즉각적으로 해결해 주려는 태도...
상대방은 지금 이 순간에 듣고 싶지 않은데 섣부른 격려, 위로, 칭찬하려는 태도...
핀잔, 비교, 비난, 판단을 예사로 하는 태도...
캐물으면서 자신의 궁금증을 해소하려는 태도...
분석, 진단, 탐색하면서 마치 자신이 치료자인 것처럼 생색내려는 태도...

우리는 셀 수도 없이 상대방에게 걸릴 수 있는 대화방식을 사용한다. 예컨대, 문상객의 언어반응 중 '슬픔을 잘 극복하라', '사는 사람 어찌해도 산다. 죽은 사람만 불쌍하다.'라는 말이 유족에게 어떤 도움이 될 수 있는지 생각해 보면 위의 언어적 태도의 문제점을 알 수 있다. 이 모든 대화방식의 밑바닥에는 상대방을 진정하게 위하는 것이 아니라, 상대방을 위한다는 명목 하에 자기의 마음이 투사되어 자기자신이 시원함을 느끼려고 표현하는 것이 많다. 다 그런 것은 아니겠으나 자신의 행위가 의식적이든 무의식적이든 결국은 자신의 욕구를 채우기 위한 대화방식임에는 틀림없다.

사람들은 누구나 자신의 가치관과 인생관에 입각해서 상대방의 이야기를 듣고 옳고 그름의 가치판단을 내리고 충고를 해주기 쉽다. 또한 누구나 편견을 갖고 있다. 정도의 차이는 있겠지만 그런 편견을 가진 채 남의 이야기를 듣게 되면 쉽게 가치판단이 내려지게 된다. 따라서 그러한 자기중심적인 판단과 편견을 극복하는 것이 효과적인 경청에 있어서 중요한 조건이 될 것이다. 판단적 태도와 편견은 사람의 마음문을 닫아 그로 하여금 폐쇄적인 마음을 갖게 하는데 이로 인해 정말 경청해야 할 많은 메시지들이 여과되어 제대로 경청되지 못한다.

사람들이 대화하는 것을 보면 그 사람이 성숙한 사람인가 성숙하지 못한 사람인가를 알 수 있다. 대화를 나누다보면 짧은 시간일지라도 상대방의 인품을 어느 정도는 느낄 수 있다. 그래서 이야기가 제대로 되는 사람과의 만남을 가지는 사람은 행복한 사람이다. 대화에서 풍겨나오는 인품은 지적인 높낮이가 다소는 관련성이 있겠으나, 경우에 따라서는 그 지식 자체가 자기방어의 수단이 되어 이기심을 가장하기 위한 형식이라는 것을 느낄 수 있다. 물론 다 그러한 것은 아니다. 대화를 하면 할수록 마음이 편해지고 내면에 품고 있는 지식이 지혜와 결합하여 진정하게 상대방을 위한 마음씀을 느낄 수 있는 훌륭한 사람들도 많다.

대화를 통하여 상대방을 진심으로 이해하고, 이해한 내용을 토대로 진실되게 상대방을 위하는 마음으로 되돌려 주려는 태도... 자기의 의견과 감정을 비우고 오직 상대방을 위하여 자신을 비워 두는 자세... 흔히 나를 비워야지 나를 비워야지 하지만, 대화를 하여 보면 정말 자신을 비워 둔 상태로 상대방의 이야기를 들어주는지, 상대방을 위한다는 대화가 자신을 드러내는 대화인지 금방 구분될 수 있다.

나의 입장을 접어 두고 상대방의 이야기를 그대로 받아들일 수 있다면, 나의 이야기를 진정하게 받아들이는 사람과의 만남도 저절로 이루어질 것이다.

독백이 아닌 대화의 자세... 이것은 우리의 인생을 풍요롭게 살찌우는 도구가 될 것임에 틀림없다.

주요내용

하나, 자신의 욕구충족이 개입된 독백을 대화라고 생각하기 쉽다.

둘, 충고, 설교, 설득, 섣부른 해결책 제시, 격려, 부적절한 칭찬 등은 효과적이지 못하다.

셋, 자기중심적인 판단을 미루어야 한다.

넷, 자기중심적 편견과 가치관을 상대방에게 적용시키지 말아야 한다.

3. 경청능력과 방어적 태도

바람직한 대인관계를 위해서는 그 무엇보다도 기본적인 의사소통에 대한 이해가 요구된다. 바람직한 대인관계를 위해 대화를 통한 건강한 표현 방법이 중요하다는 사실은 이미 많은 사람들이 인식하고 있다. 그러한 인식에도 불구하고 대부분의 사람들은 그 구체적인 방법을 몰라 실제 생활에서는 어려움을 겪을 때가 많다.

의사소통에 영향을 주는 요인은 크게 '경청 능력'과 '전달 능력'이라 볼 수 있다. 우선 듣는 능력을 살펴보도록 하자.

경청 능력은 상대방의 언어·비언어적 표현에 담긴 내용과 감정을 듣는 것으로 이는 단순히 듣는 자세가 아니라 상대방의 의견과 생각, 감정을 이해하려고 진정으로 노력하는 것을 의미한다. 또한 상대방이 말하는 것에 대해 공감적으로 이해하는 것이다. 공감적으로 이해한다는 의미는 일단 나의 입장은 접어 두고 오직 상대방의 입장이 되어 그의 감정이나 생각 등을 수용하여 진심으로 상대방을 받아들인다는 뜻이다.

경청 능력을 향상시키기 위해서는 자신이 갖는 방어적 태도(비판, 판단, 비교 등)를 감소시켜야 한다. 그런데 대부분의 방어적 태도는 아동기 때부터 형성되어 온 정서적 양식에 의하여 결정되어 온 것이므로 올바른 청취능력을 증진시키기 위해서는 자신에 대한 탐색을 통하여 정신역동을 자각하는 것이 중요하다. 자신의 방어적 태도에 대한 탐색 없는 경청은 상대방 입장에서는 기술적으로 느껴져 진실성이 결여되고, 그 깊이가 얕아, 차라리 들어주지 않는 것만 못하는 경우도 있다.

자신의 감정(정신역동)을 끊임없이 탐색하는 사람들을 보면 경청능력의 깊이를 느낄 수 있다. 왜냐하면 그들은 단순히 상대방 말의 내용, 감정에 공감할 뿐만 아니라 그들의 바램, 미해결된 욕구, 그 심리적 배경까지도 심도 있게 탐색하는 수련을 거치기 때문이다. 만약 이러한 탐색노력없이 그저 본능적으로 올라오는 방어하고 싶은 마음을 그대로 가지게 되면 상대방을 수용하는 자세가 어려워진다.

평소생활에서 자신의 역동을 살펴보고 있는 사람은 스스로의 방어적 태도를 감지하여, 상대방에게 투사되지 않도록 예방하는 작업이 우선시되므로 진정한 경청능력을 발휘한다. 투사없이 있는 그대로 자신의 감정을 자각하고, 그에 대한 역동탐색을 할 수 있는 능력을 갖추는 것은, 훌륭한 인격의 첫 관문에 들어서는 것이다. 스스로의 역동탐색으로 자신의 감정을 조절하고 정리하면서, 자기마음에 휘둘리지 않는 인격이 되므로, 자연스럽게 의사소통을 하는데 있어서도 품위있고 편안한 자세가 나오게 될 것이다.

주요내용

하나, 경청 능력을 향상시키기 위해서는 자신이 갖는 방어적 태도(비판, 판단, 비교 등)를 감소시켜야 한다. 그런데 대부분의 방어적 태도는 아동기 때부터 형성되어 온 정서적 양식에 의하여 결정되어 온 것이다.

둘, 자신의 감정(정신역동)을 끊임없이 탐색하는 사람들을 보면 경청능력의 깊이를 느낄 수 있다. 왜냐하면 그들은 단순히 상대방 말의 내용, 감정에 공감할 뿐만 아니라 그들의 바램, 미해결된 욕구, 그 심리적 배경까지도 심도 있게 탐색하는 수련을 거치기 때문이다.

4. 수용태도와 방법

바람직한 수용방법을 구체적으로 살펴보도록 한다. 그 방법은 크게 다섯 단계로 나누어 볼 수 있다.

첫째, 즉각적인 반응을 피하는 단계이다.

이 단계는 상대방의 이야기 내용을 충분하게 들을 자세를 취하기 위하여 자신을 추스르는 것이 목적이다. 잠시 자신의 호흡을 자각하고 세어본다든가 크게 심호흡을 한다든가 여러 가지 방법으로 즉각적인 반응을 피할 수 있다. 보통 우리는 일상생활에서 상대의 이야기를 들으면서 즉각적으로 무슨 반응을 보이거나 또는 상대의 이야기에 대하여 재빠른 판단과 편견이 일어나기 쉬운데, 이런 자세는 수용하는 첫 단계에서 방어적인 자세가 되기 쉬우므로 경청할 때나 표현할 때나, 어떤 경우에서라도 우선적으로 즉각적인 반응을 피하는 것이 바람직하다.

둘째, 방어적인 마음인가, 수용적인 마음인가를 자각하는 단계이다.

즉각적인 반응을 피하면서 자신의 내면에 상대의 이야기를 진정하게 수용하는 자세가 되어 있는가, 거부하고 싶고, 피하고 싶고, 비난하고 싶은 마음 등이 올라오는가를 살펴보는 단계이다. 수용하고 싶지 않다는 것은 방어적인 마음이 되어 있다는 뜻으로 이 마음이 들 경우에는 다음 단계로 들어갈 수가 없다. 이 경우에는 자신의 감정을 자각하고 그 감정을 느껴볼 수 있거나 자리를 일단 피하면서 그 상황을 잠시 유보시키는 것이 바람직할 것이다. 특히 주의할 것은, 방어적인 마음이 올라왔다고 해서 자책하거나 인격이 부족한 것이 아닌가 하는 생각은 금물이다. 누구나 다 방어적인 마음이 올라올 수밖에 없는 상황은 있을 수 있고, 경우에 따라서는 비례적인 방어적 마음은 상대방에게 도움이 될 때도 있을 것이기 때문이다.

셋째, 귀를 기울이는 단계이다.

둘째 단계에서 수용적인 마음이 된 사람은 상대의 이야기에 비언어적인 반응이나 가벼운 언어 반응으로서 적극적으로 경청하기 위한 자세를 취하는 것을 말한다. 예컨대, 고개를 상대의 이야기에 끄덕인다든지, 눈을 마주친다든지, 진지하게 심사숙고해 주는 자세를 취한다든지, 약간 몸을 앞으로 굽힌다든지, 가벼운 신체접촉을 해 준다든지, 응-그렇구나, 그래 등의 간단한 맞장구 반응을 해 주는 것들이다. 이 단계는 다음 단계로 들어가기 위한 중요한 도구로써 수용하는 자세의 필수적인 과정이라고 봐야한다.

넷째, 명료화 반응을 하는 단계이다.

어떤 사람은 사건 위주로, 어떤 사람은 자신의 생각 위주로, 어떤 사람은 감정 위주로 자신의 이야기를 펼친다. 이 때 그 내용이 무엇이든 간에 상관없이 상대방의 내용을 명확하게 이해하였다는 반응을 보이는 것이다. 예컨대, 그러니까 '당신의 말씀은 **하다는 뜻이군요' '아! **하다구요?' '아! 지금 말씀하신 게 **의미군요.' 등 긴 이야기를 요약하거나 재언급하거나 또 다른 의미로 표현해 주는 것이다. 공감해 주지 않아도 상대를 명료하게 이해하였다는 반응만으로도 상대방은 충분하게 수용받았다는 느낌을 가지기 때문에 이 반응은 섣부른 공감반응보다 더 효과적일 때가 많다. 특히 정서표현이 약한 한국인에게는 이러한 반응이 상대방 스스로가 자신의 이야기를 정리해 보고 자신을 탐색해 보는 계기를 마련해 줄 수 있다. 한가지 주의할 것은, 지나친 반복적인 명료화반응은, 상대방으로 하여금 지겨움과 따분함을 안겨주기도 하기 때문에 적절할 필요가 있을 것이다.

다섯째, 공감반응의 단계이다.

상대방의 이야기에 귀를 기울이다 보면 상대방의 감정이 나의 가슴에 충분하게 느껴져 그 감정을 공유하게 된다. 따라서 상대방의 감정에 초점을 맞추어 '**(이야기 내용) 해서 **(감정,느낌)하겠군요.' '**사정을 들어보니 당신의 심정이 **하겠습니다.' 또는 '정말 **했겠네요' 등등 다양한 자신의 대화 패턴으로 상대방의 정서에 초점을 맞추게 되는 것이다. 명료화 반응에서 상대방의 정서를 재 확인시켜 주었다면 공감반응과 유사하게 나타날 수도 있다. 공감반응은 진실하게 상대방의 마음에 주파수를 맞추지 않으면 형식적인 의사소통이 되기 쉬우므로 가식적인 공감은 안 하느니만 못한 경우가 생긴다.

위의 내용을 표로 정리하면 다음 페이지와 같다(표 4 참조).

주요내용

하나, 방어적인 마음이 올라올 경우에는 자신의 감정을 자각하고 그 감정을 느껴볼 수 있거나 자리를 일단 피하면서 그 상황을 잠시 유보시키는 것이 바람직할 것이다.

둘, 공감해 주지 않아도 상대를 명료하거 이해하였다는 반응만으로도 상대방은 충분하게 수용받았다는 느낌을 가지기 때문에 이 반응은 섣부른 공감반응보다 더 효과적일 때가 많다.

셋, 공감반응은 진실하게 상대방의 마음에 주파수를 맞추지 않으면 형식적인 의사소통이 되기 쉬우므로 가식적인 공감은 안 하느니만 못한 경우가 생긴다.

* 뒷 페이지 경청능력을 방해하는 방어적 태도에 대하여 서로 토론해 보자.

<표 4> 수용하는 단계

수용단계	수용방법	내 용
1	즉각적인 반응 피하기	'듣는 경우'와 '말하는 경우' 모두 해당 잠시 들숨과 날숨의 호흡을 느껴 볼 수 있으면 좋다.
2	'방어적인 마음인가? 수용하는 마음인가?' 자각하기	(진실한 반응을 하기 위하여 마음을 갖추는 작업) 여기에서 방어적인 마음이 들 경우에는 3단계에 들어가기가 어려우므로 그 상태대로 머물면서 다른 방법을 탐색해 볼 수 있다.
3	귀 기울이기	비언어적인 반응과 가벼운 언어반응 : 고개 끄덕임, 눈 마주치기, 손잡기 등의 가벼운 신체접촉, 응 -그래 등의 맞장구 반응
4	명료화반응과 구체적 질문 반응	상대방의 이야기(사건, 상황, 생각, 느낌...)를 명료하게 이해하였다는 반응을 하면서, 필요한 내용을 더 이해하기 위한 질문을 하는 반응이다. '그러니까 당신의 말씀은 ××하다는 뜻이군요. 그렇다면 이러이러한 점은 어떻게 하셨나요?' '지금 말씀하신 내용은 ××의미이군요. 다른 측면에서는 이렇게 생각하여도 된다는 말씀인가요? '
5	공감반응	상대방의 감정에 초점을 맞추는 반응 '××(이야기 내용)해서 ××(감정, 느낌)하겠군요' '××사정이 있는걸 들어보니 당신의 심정은 ××겠습니다.'

경청능력이 길어지면...

첫째, 타인이 전하려는 메시지에 초점을 맞출 수가 있다.

둘째, 타인의 이야기 내용에 대해서 진솔하고 정확한 이해를 할 수 있다.

셋째, 표현된 내용의 배경에 있는 욕구를 이해할 수 있다.

넷째, 상대방의 완전하고 개방된 그리고 정직한 표현을 촉진시킨다.

다섯째, 상호작용 동안에 '화자(話者)중심'의 접근법을 발달시킨다.

여섯째, 스스로 자신의 내면을 탐색하도록 도와준다.

방어적 태도

*실행: 경청능력을 방해하는 자신의 방어적 태도는 어떤 것이 있는지 적어보고 서로 토론해 보자.

1. 상대방의 행동이나 성격의 어떤 부분에서 방어적인 태도가 나타나는가?

2. 자신의 내면에서 반복적으로 발생되는 방어적 태도는 상대방의 태도와 관계없이 어떤 것이 있는가?

5. 자기탐색 사례

1. 상대방에게 맞추려고만 하는 나의 자세... 사랑받고자 하는 나의 욕구

나의 행동 패턴을 살펴보면 일맥상통하는 점이 있다는 게 느껴진다. 대체로 아버지와 많이 관련된 듯하다. 예를 들면 상대방에게 맞추려 한다. 상대방의 부탁을 거절 못한다. 분위기를 띄우려 한다. 강압적이거나 단정적인 사람을 보면 반발심이 생긴다. 남의 시선을 많이 의식한다 또는 남의 평가에 민감하다. 정해진 틀이나 규칙은 꼭 지켜야 한다. 하지만 그것에 대해 몹시 답답함을 느낀다. 대체로 생각나는 패턴들은 이런 것들이다. 아버지는 참 사랑을 표현하는 법이 없으시고 대신 평가는 많으셨던 분 같다. 어머니 역시 나에 대한 기대치가 무척이나 높으신 분이셨고 그러다 보니 두 분의 기대치에 맞추기 위해 무진 애를 썼던 것 같지만 늘 부족하고 모자라 그것이 자신에 대한 열등감 내지 학대로 나타났던 것 같다. 때론 복수심에 사로잡히기도 했지만... 이건 내게 더 못 견딜 형벌이었다. 아직도 많이 혼란스럽고 꺼풀을 걷어낸 것 같진 않다. 단지 맥만 약간 잡은 듯한 느낌이다. 나의 사랑받고자 하는 욕구가 너무나 큰 것 같지만 이 욕구가 너무 다양한 방향으로 표출되고 있는 것 같고, 내 행동의 전이감정이 뭔지 명확치 않을 때도 많다. 하지만 이 공부가 내겐 큰 인생의 전환점이 된 듯하다.

2. 존중받고 인정받고 싶은 욕구

"존중받고 인정받으면서 자란 사람은 언제 어디서나 자신의 성격에서 부족한 부분을 스스로 채워가면서 발전한다"는 내용에서 고3 아들이 생각났다. 지금 아들과 많은 갈등을 겪고 있다. 수능시험이

6개월 남은 이제는 스스로 자신의 목표달성에 부족한 인내심을 각성하고 입시(성적 올리기)에 매진해 줄 것을 기대한다. 하지만 더욱 나약해지고 절박한 현실을 피하고 싶어하는 것 같아 안타깝다. 그러나 한번 더 생각해 보면 아들을 통해 다른 사람들에게(주변인들) 자식 잘 키웠다는 인정을 받고 싶은 다음이 자리를 깔고 있음을 부인할 수 없다. 그리고 아들을 있는 그대로 존중하고 인정해 주는 것이 어려워 겉으로만 인정해 주는 체하고 있음을 본다. 현재 아들의 문제핵심은 성적 올리기에 매이는 것인데 성적에 매달리는 모습이 다른 사람에게 추하게 보일까 봐 성격이 좋고 외모가 반듯하고 하는 식으로 화려한 포장을 하면서 변명을 한다. 그러다 보면 더욱 더 나 자신이 허망해지고 포장 속에 텅 빈 모습을 들키지 않으려 또 다시 몇 겹의 포장을 하게 된다. 내가 인정받고 싶고 내면의 문제를 아들에게 투사하면서 합리화하여 유식한 엄마인양 보이고 있는 나 자신이 한심하기까지 하다. 현실을 직면해야 할 나 자신이 그것을 외면하면서 아들이 외면하는 모습은 못 견디어 수없이 갈등을 반복하고 있다. 언제쯤 나를 직시하면서 있는 그대로의 모습으로 자신 있게 살아갈 수 있을까? 지난 시간 피드백을 받는 순간 너무나 두꺼운 가면을 쓴 듯하여 몹시 두끄러웠다.

제8장

교정적 사후교육(2): 감정표현과 전이감정

참는 것도 능사(能事)는 아니나
다 말하는 것도 능사(能事)는 아니다.

1. 감정표현과 전이감정

말하는 방법에 대한 의견은 거의 대부분의 사람들이 나-전달법(I- Message)의 사용을 권하고 있다. 상대방에게 자신의 행위에 대하여 무조건 행동수정을 요구하고 꾸중하는 것이 아니라, 상대방의 행위에 대한 나의 입장(상태)에 초점을 맞추어 나 자신의 감정을 알리는 것을 뜻한다. 만약 나 자신이 상대방의 행동수정을 위하여 판단, 비판, 분석, 비꼼, 경고, 명령, 훈계, 설교 등의 방법을 사용한다면 행동수정 그 자체보다는 오히려 감정적인 문제가 발생될 것이다. 따라서 본래 문제가 되었던 행동 그 자체보다는 감정싸움이 되어 상대방이 수정하려고 생각했던 부분마저도 저항감, 거부감 등으로 인하여 사라져 버리고, 오히려 상호간의 감정적인 대립의 악순환만 계속될 수 있다.

나 전달법의 사용은 감정표현에 대한 많은 이로움을 제공하였지만, 미숙한 전달방식과 무개념으로 인한 폐단도 있을 수 있다. 쉽게 말하면 마치 상대방의 행위가 나의 감정에 영향을 미친다는 뜻으로 해석되어, 상대방 탓을 하게 되는 결과가 초래될 수 있다는 의미이다. 감정의 몫은 나의 것, 즉 스스로의 과거 정신역동으로 인해 발생된 감정임에도 불구하고, 상대방의 행위로 인하여 발생된 감정인 것처럼 되어 버리는 것이 가장 큰 함정이라는 것이다.

따라서 정신역동적인 접근에서 중요하게 다루는 '전이감정'과 관련된 나전달법의 사용을 통하여 그런 폐단에 빠지지 않도록 주의해야 할 것이다. 나-전달법의 사용에 있어 구체적인 방법, 전이감정을 고려한 나-전달법 사용을 크게 네 가지로 나누어 살펴보도록 한다.

첫째 단계는 상대방의 행위를 있는 그대로 서술하고 그 때 나의 감정을 알리는 것이다. 구체적인 예는 다음 표에서 제시하도록 한다. 너가 **할 때 너가 왜 **게 하느냐는 식의 너-전달법이 아니라 너의 행동에 대해서 나의 감정을 서술하는 나-전달법이지만 완전한 나-전달법이라고 보기는 어렵다. 그러나 일상생활에서 간단하게 자신을 알려주는 좋은 방법이다(<표 5>의 표현 I 참조).

둘째 단계는 상대방의 행위가 나에게 어떤 영향이 미치는가를 말해주고(물질적이든, 정서적이든) 그에 따른 나의 감정을 알려주는 것이다. 상대방의 행위가 나에게 미치는 영향을 밝힘으로써 상대방이 자신 스스로를 돌아보게 하는 좋은 기회가 될 뿐만 아니라 영향을 찾아내는 과정에서 나 자신 스스로도 한번쯤 고려해 볼 수 있는 방법이다(<표 5>의 표현 II 참조).

셋째 단계는 영향을 표현하였으나 수용이 안 되는 경우이다.
예컨대, '당신이 전화기를 꺼놓은 상태에서 새벽 2시까지 들어오지 않았을 때 나는 기다리느라 잠이 부족하고 사고가 났을까 두려워서 걱정되고 화가 났다' 라고 표현했을 때, 상대방이 '누가 기다리라고 했느냐 자지 않고...' 라는 반응이 나온다고 하자. 즉 구체적이고 객관적인 영향을 제시하였으나 상대방은 수용하지를 않는다. 이 경우에는 일단 표현을 자제하여야 한다. 즉 상대방은 나의 의견을 들을 자세가 되어 있지 않고 들을 준비가 되어 있지 않으므로 상대방을 이해하려는 노력을 하여야 한다. 그 노력의 일환으로 상대방의 전이감정을 탐색해 본다든지, 상대방의 전이감정을 유발시킨 나의 무의식적 역동을 체크하여 보기도 한다. 그 과정에서 제 3자에게 감정을 표출하여 답답한 심정을 우선 풀어보는 것도 하나의 방법이다(<표 5>의 표현 Ⅲ참조).

넷째 단계는 구체적인 영향이 생각나지 않는 경우이다. 그리고 나의 감정도 비례적이지 않는 경우이다. 이 때는 나의 감정을 스스로 책임진다는 차원에서 나의 전이감정을 먼저 탐색하여야 한다, 그리고 난 후 상대방의 행위를 서술하고 감정을 표현한 후 나의 전이감정을 상대에게 전달하는 것이다.

예컨대 어떤 분(A)은 할머니가 짐을 가득 든 채 힘들게 지하계단을 올라가고 있는 모습을 먼발치에서 보았다. 나에게 미치는 구체적인 영향은 생각나지 않는데 '힘드시겠구나'의 정도가 아니라 눈물이 나오고 가슴이 뭉클해졌다. 눈물을 흘리는 자신을 자각하면서 일찍 돌아가신 엄마 대신 형제를 키워주신 할머니가 떠올랐던 것이다. 그 후 할머니를 떠올리면서 여러 가지 사연들과 감정을 풀어헤쳤다. 또 어떤 분(B)은 옆 사람이 운전을 조금이라도 과격하게 한다는 생각이 들면 분노가 치밀어 오른다고 한다. 물론 나에게 미치는 영향이 있을 수 있겠지만, 금방 생각나지는 않고 또 사실 영향을 미칠 만큼 과격한 것도 아니다. 그런데 왜 그런 분노가 올랐을까를 탐색해 보니 과격하고 조급하며 폭력적인 대상의 중심에는 늘 父의 모습이 도사리고 있고, 내면에 담겨있는 父에 대한 적개심은 비슷한 느낌을 주는 타인에게 순식간에 올라온다는 것이다.

이런 경우 제 3의 타인에게 표현하면 내면의 상태가 많이 걸러지므로 직접적인 당사자에게는 무난하게 대화할 수도 있다. 즉 나의 전이감정의 탐색과정에서 나 자신의 무의식적 역동을 체크하려는 노력이 필요하며 나의 대처방식에 문제점은 없는가 등등에 대해서 제 3자에게 도움을 요청할 수도 있다(<표 5>의 표현 Ⅳ참조).

일반적으로 위의 단계에서 첫째, 둘째 단계를 많이 이용하지만 실제적으로 상대방이 수용하지도 않고 나 자신도 영향을 밝히기가 어려울 정도로 감정이 격해질 때가 많다. 따라서 정신역동적인 입장에서는 상대방 혹은 나의 전이감정을 고려해 보도록 권하고 있다(표 5 참조).

인간이 많은 교육에 의하여 상당한 정도의 타당성을 가지고 자신의 의견을 낸다고 할지라도 스스로의 중요한 역동과 닻물릴 때는 순간적으로 타당성을 잃고 자신의 내면을 투사하는 예는 일상생활에서 흔히 볼 수 있는 일이다. 특히 그것이 예민한 이해관계가 얽혀 있거나 자존심에 관련된 문제가 될 경우에는 오히려 사회적으로 상당한 지식을 가지고 있다는 부류에서 더욱 더 지적 혹은 합리성을 가장한 투사를 하는 경우도 허다하다.

이와 같이 말하는 능력은 자기노출의 중요한 수단으로서 모든 인간관계, 특히 대인관계에서는 절대적인 영향을 미친다. 또한 이것은 상호간의 심리적 정화작용 내지는 정신건강에 도움을 주어 성숙한 인격을 형성하는 수단이 될 수도 있다.

앞장과 종합하여 의사소통에 영향을 주는 요인들을 통해 볼 때 대인관계의 효과적인 의사소통이란 크게 두 가지로 대별된다.

i) 상대방의 말을 들을 때에는 상대방의 언어 혹은 비언어적인 메시지에 관심을 기울여서 나 자신의 요구를 투사하지 않고 상대방의 말을 있는 그대로 듣고 그 메시지에 담겨 있는 내면적인 것을 이해하고 표현하는 것이다. 방어적인 마음이 들 때는 자신 또는 상대방의 전이감정과 관련시켜 탐색하여 보는 태도가 바람직하다.

ii) 나 자신의 의사를 전달할 때에는 전달할 내용과 배경 또는 이유를 밝히면서 나의 감정을 명확하게 표시해 주는 것이다. 이 때 감정을 무조건 표현하는 것만이 중요한 것이 아니고 상호역동을 체크하는 의식적인 과정이 필요하다.

위와 같은 의사소통 방법은 건강한 대인관계를 위한 효과적 기초도구로서 나 자신과 상대방간의 역동에 대한 이해의 노력이 뒤따른다면 좀 더 의미 있는 대인관계를 확립하는 중요한 계기가 될 것이다.

주요내용

하나, 상대방의 행위에 대해 나 자신에게 미치는 영향이 없을 경우, 자신의 어떤 전이감정이 현재의 감정으로 발생되는지 혹은 나의 대처방식이 잘못되지 않았는지 살펴보아야 한다.

둘, 나 자신이 상대방에게 객관적으로 타당한 영향을 제시하였는데도 불구하고 상대방이 받아들이지 않을 경우, 상대방의 전이감정을 탐색·이해하려는 노력을 하면서 있는 그대로의 상대방을 받아들이는 태도가 필요하다고 본다.

* 뒷 페이지 「감정표현의 실제」를 강의자의 지시에 따라 직접 실습해 보고 토론해 보자.

<표 5> 감정표현과 전이감정

<table>
<tr><th colspan="2">표현방법</th><th>내 용</th></tr>
<tr><td colspan="2">표현 I</td><td>〈일반적인 경우〉
상대방 행위 서술 ⓐ → 감정표현 ⓑ
예) 내가 화날 때 당신이 받아주니까 ⓐ 얼마나 든든하고 감사한지... ⓑ
예) 당신이 소리지르니까 ⓐ 울화가 치밀어요 ⓑ.
예) 저번에 된다고 했는데 지금 안된다고 하니까 ⓐ 갑자기 한 대 얻어맞은 듯한 기분이네요 ⓑ.</td></tr>
<tr><td rowspan="2">영향이 있는 경우</td><td>표현 II</td><td>〈나에게 미치는 구체적인 영향을 제시하는 경우〉
상대방 행위 ⓐ → 감정표현 ⓑ → 영향표현 ⓒ
순서 상관없음
예) 내가 화날 때 당신이 받아주니까 ⓐ 나도 모르게 감정이 가라앉게 되어 (행위, 정서) ⓒ 얼마나 고맙고 미안한지... ⓑ
예) 당신이 소리지를 때 ⓐ 나는 너무 슬프고 답답해요 ⓑ. 뒤통수 맞는 느낌이고...ⓑ
왜냐하면 나는 오늘 참 피곤하고 힘들어서 당신과 얘기나누고 싶었거든요(욕구) ⓒ.</td></tr>
<tr><td>표현 III</td><td>〈나에게 미치는 구체적인 영향을 표현하였으나 수용이 안되는 경우〉
표현자제 → 상대방 전이감정 탐색
상대방 전이감정 탐색시...
① 상대방의 역동을 이해하려는 노력
② 상대방 전이감정을 유발시킨 나의 무의식적 역동 체크
③ 타인(제3자)에게 감정표출 필요</td></tr>
<tr><td>영향이 생각나지 않는 경우</td><td>표현 IV</td><td>나의 전이감정 탐색 → 상대방 행위 서술 ⓐ → 감정표현 ⓑ
→ 나의 전이감정 표현 ⓒ
나의 전이감정 탐색시...
① 상호 무의식적 역동을 체크하려는 노력
② 나의 대처방식의 문제점을 체크하려는 노력
③ 타인(제3자)에게 도움요청

예) 당신이 소리지를 때 ⓐ 나는 아무 생각이 나지 않고 막막해져요 ⓑ.
자랄 때 자주 아버지랑 엄마는 한바탕 소동을 벌릴 때가 많았는데...
우리 모두는 주눅들어 아무 생각이 없고 막막한 기분이었어요 ⓒ.</td></tr>
</table>

* 여기서 '영향'이라 함은 '나에게 미치는 구체적인 영향'을 의미한다.

2. 감정표현과 전이감정의 실제

*실행: 대인관계에서 나의 감정을 표현하는 것은 쉽지 않다. 전이감정이 상호작용할 경우에는 더욱 그렇다. 다음의 경우를 적어보고 토론해 봄으로써 전이감정의 이해를 통한 감정표현의 중요성을 느껴보자.

1. 상대방의 행위에 대해 나에게 미치는 구체적인 영향을 제시하였으나 상대방이 받아들이지 않았던 경우의 예를 적어보자.

2. 위의 경우 감정은 어떠하였으며, 상대방은 왜 그렇게 수용이 안되었는지 상대방의 전이감정을 추측하여 토론하여 보자.

3. 상대방의 행위에 대해 나에게 미치는 구체적인 영향은 생각이 나지 않으나 감정이 올라왔던 경우를 적어보자.

4. 위의 경우 나의 전이감정을 토론하여 보자.

3. 자기탐색 사례

1. '전이감정에 대한 이해 없는 감정표현은 상대방에게 상처를 주기 쉽다.'

건강한 대인관계를 위해서 교정적 사후교육을 배우고 있다.

나는 지금까지도 다른 교육을 통하여 의사소통에 관한 내용을 잘 알고 있고, 또 잘 실행하고 있는 것으로 생각하여 왔다. 그러나 이번 수업시간(듣는 능력과 말하는 능력)을 통하여 내가 진정한 의사소통을 못하고 살아왔구나 하는 것을 느꼈다.

경청능력이라는 것이 상대방의 의견과 생각, 감정을 이해하는 진정한 노력이요, 진심으로 상대방을 받아들이는 능력이라는 사실이 새롭게 와 닿는다. 왜냐하면 나는 나의 내면에 방어적인 자세가 있다는 사실에 대해서는 생각해 보지도 않았다. 듣기 싫은 이야기는 그냥 고개 끄덕거리고 공감해 주면서 대충 들었다. 그런 이야기들이 왜 듣기 싫은지 왜 지겨워지는지에 대해서 한번도 느껴 본 적이 없었지만, 가끔 사람들이 나에게 조금 형식적인, 가식적인 느낌이라고 얘기할 때 화가 났었고, 별일이야 하는 마음으로 그런 말을 하는 사람을 내쳤다. 나의 방어적인 자세에 대해서 꿈에도 자각하지 못했던 것이다.

더욱이 이번 수업시간에 전이감정과 관련된 감정표현방법을 배우면서 역동탐색의 중요성을 깊이 느끼게 되었다. 자기에 대한 끊임없는 탐색을 바탕으로 하는 역동을 자각하지 못하면, 상대방의 이야기를 듣고 말로 감정을 표현하는 것은 상당히 위험한 행동이며 상대방에게 상처 주기 쉽다는 것을 알게 되었다. 감정표현을 한다면서 상대방에게 나의 마음이 투사되지 않도록 예방작업을 우선시 해야 한다는 데 대해서 크게 반성하였다.

여태 난 내가 알고 있는 짧은 지식과 몇 가지 기법 훈련을 마치 특권을 가진 양 떠들어 잘난 척한 것 같아 사실 좀 부끄럽다. 좀 더 의미 있는 대인관계를 확립하기 위해서는 나 자신은 물론 상대방의 역동에 대한 이해를 할 수 있는 노력을 부지런히 해야겠다.

2. 억압된 나의 감정표현 양식

최근에 놀라운 발견이 하나 있다. 평소에 무의식적으로 느껴왔던 문제인 것 같기도 하다. 아내를 어머니와 동일시 한 것 같다는 느낌이 든다. 두 분 다 자주 아프다는 점, 성격이 비교적 강한 점(자기주장이 강함)이 공통점이라는 생각이 든다. 성격적으로 다른 부분이 많은데도 불구하고 특히 위 두 가지의 특징이 강하게 떠오른다. 두 여성 앞에 내 자신은 양보와 억압을 되풀이한 것 같다. 어머니에게 느꼈던 감정이나 나의 대처방법들이 내 아내에게 상당부분 무의식적으로 행해진 것 같다. 아내에게도 내 감정을 표출하지 못했다는 점은 어머니에게 표출하지 못했던 것이나 비슷하다고 생각된다. 아내는 나에게 잔정이 없다고 불평하곤 한다. 중요한 결정이나 선택을 아내에게 미루고 나는 우유부단하게 피해 버린다. 아내에게 아니 어머니에게 내 자아는 나약했고 도피적 방법으로(공상과 눈치) 대처한 것 같다. 이는 대인관계 패턴에서도 자주 나타나는 방식이기도 하다. 양보하고 주장하지 못하고 결정을 부담스럽게 생각한다. 어제 밤 꿈에는 여러 사람들이 한 사람에게(점쟁이인지 역술가인지 모르겠다) 자기 미래를 여쭈어 보는데 나는 한번도 내 미래를 물어본 일이 없었기 때문에 부담스럽지만 한번 여쭈어 보기로 하고 물어보았다. '내 미래가 좋지 못하면 어떻게 하나' 걱정을 하면서 물어보았다. 그런데 무슨 얘기를 했는지 듣지 못했다. 듣고 싶어서 귀를 기울였는데 못 들었다. 그 역술가는 웃으면서 얘기를 했는데 못 알아듣고 잠을 깼다. 그런데 불안보다는 기분이 좋았다는 느낌이 든다. 나 자신에 대해서 더 깊이 자각 탐색해 보려는 내 욕구가 반영된 듯하다.

제9장

교정적 사후교육(3) : 긍정적 역동의 발견/지지세력

존중과 인정을 받고 자란 사람은
자신의 부족한 면을
스스로 채워가면서 성장해 나간다.

1. 긍정적 힘(역동)의 발견

모든 사람들은 자신의 '핵심역동'을 지니고 있다. 그것이 플러스 쪽이든, 마이너스 쪽이든, 그 어느 쪽도 현실적 조건어 따라서 긍정적으로 혹은 부정적으로 작용될 뿐이다. 그러므로 그것 자체가 긍정이다 부정이다 라고 평가할 수는 없으며, 그 모든 '정신역동'은 존재하는 것 자체로서 의미가 있다. 단지, 지금-현재의 상황에서 그것이 긍정적으로 작용하느냐 부정적으로 작용하느냐의 문제가 있을 따름이다. 한마디 현실에 적절한 '작용'을 이해하고 객관적으로 다루어야 할 부분인 셈이다. 일반적으로 사람들도 긍정적인 면과 부정적인 면을 동시에 가지고 있다. 예를 들어 독립적인 면을 지닌 사람은 적극성, 추진력이 있는 반면, 세심한 배려, 따뜻한 면이 부족하기 쉽다. 또한 온순한 면을 지닌 사람은 남에게 좋은 인상을 주는 순종, 배려 등을 지닌 반면, 추진력과 통솔력이 부족할 수도 있다. 물론 양쪽 면을 골고루 가진 사람도 있겠으나 한 개인이 가진 특성상 어느 한 쪽이 부각되면 다른 한 면이 다소 부족한 것은 자연스러운 일이다.

한 인격이 조화롭게 성장하는 데에 가장 중요한 것은 상대방을 있는 그대로 존중해 주고 인정해 주는 것이라 볼 수 있다. 어느 누구도 존중받고 싶지 않는 사람은 없다. 존재자체로서의 존중과 인정은 생명력과 같은 것이다. 그러므로 자라면서 존중받고 인정받으면서 양육된 사람은 언제 어디서나 자신의 성격에서 부족한 부분을 스스로 채워가면서 발전한다. 생명력이 살아있다는 뜻이다. 그러한 사람은 교만하지 않으면서도 자신감을 가지고, 자만하지 않으면서도 자부심을 가지고 있다. 이것은 자신 스스로가 자신의 잠재력을 일깨워 실현해 가면서 최선을 다하여 사는 바람직한 인간의 표본이 될 수 있다는 뜻이다.

이러한 것을 많은 사람들은 잘 알고 있으면서도 사실상 상대방을 있는 그대로 존중하고 인정해 주는 것에 상당히 인색하다. 그러면서 겉으로 남을 인정하여 주기도 한다. 그러나 실제적으로 생활에서는 어려운 일이 되기 쉽다. 그 이유는 간단하게 이야기할 수 있다. 자신이 존중과 인정을 못 받고 자랐을 경우, 혹은 자신의 현실의 모습이 이상적인(기대했던) 자신의 모습과 일치하지 않을 경우 등과 같이 자신의 내면의 문제점과 결부되어 있는 경우가 허다하다. 그러한 자신에 대한 부족한 자신감 내지는 열등감은 상대방(부모인 경우는 자녀를)을 있는 그대로 보는 시각에 많은 걸림돌이 되고 있다.

자기 자신을 사랑하고 가치를 부여하는 것이 인간에게 있어 필수적이라는 말을 듣는 것이 잘 이해되지 않을 수도 있다. 사실 많은 사람들에게 있어서, 자기 자신을 사랑한다는 것은 이기적인 것이며, 그럼으로써 그것은 다른 사람을 적대시하는 행동이고, 사람들 사이의 전쟁이라고 생각된다. 다른 사람을 적대시하는 것을 피하기 위해서 사람들은 자기 자신보다는 다른 사람을 사랑하도록 배워 왔다. 이것은 자기 경시의 결과를 낳았다. 만약에 사람들이 자기 자신을 사랑하지 않으면, 어떻게 다른 사람을 사랑하는 방법을 알 수가 있겠는가? 자신을 사랑하는 것이 다른 사람을 사랑하는 것을 가능하게 해 준다는 연구 결과는 수없이 나와 있다.

따라서 상대방의 모습을 사랑과 존중, 인정과 아름다움으로 바라보기 위해서는 자신의 내면의 모습, 즉 내가 가진 멋진 힘들은 무엇인가에 대한 정직한 탐색이 필요하다. 이것은 결코 자만도 교만도 아니며, 나에 대한 당연한 의무요 책임이다. 내가 나를 사랑하지 않으면 누가 나를 사랑하겠는가?

대인관계에서, 나에 대한 긍정적인 면을 자각한다는 것은 바로 나 자신의 부정적인 면을 극복해 낼 수 있는 좋은 도구가 된다.

즉, 내가 지쳐 힘들고 괴로울 때 내가 가진 다른 긍정적인 부분이 그 힘든 부분을 일으켜 세우는 역할을 하게 된다. 따라서 그러한 긍정적인 면은 나의 부정적인 면을 극복해 내는 '힘'이라고 볼 수 있다. 이 '힘'을 자각하지 못하는 많은 사람들은 자신을 괴롭히고 비난하며 자학하게 되고, 그로 인하여 가족들을 괴롭히고 비난하며 학대하는 악순환을 거듭한다. 얼마나 불행한 일이겠는가? 따라서 자신의 힘을 발견해 냄으로써, 상대방의 힘을 발견해 내는 눈을 가지게 되고, 그러한 힘들은 각자의 어려움을 극복하는 좋은 도구가 될 것이다.

자기 스스로에게 가치를 부여하지 못하는 사람은 다른 사람들-아내, 남편, 아들 또는 딸-이 자신에게 가치를 부여해 주기를 바란다. 즉 자기 스스로는 자신을 인정하지 못하면서 타인 또는 사회적 힘(명예나 권력 등)을 빌어서 끝없이 인정받으려고 한다. 인정받지 못하면 경쟁심과 열등감이 올라와 노심초사한 상태를 유지하게 되고, 이러한 감정들은 또다시 상대의 가치를 인정하기 어렵게 만드는 심리적 배경이 된다. 이렇게 자신이 스스로에게 인정받지 못하고 서로가 서로에게 인정받으려고 하는 대인관계 속에서는, 양자간에 맞불을 지피는 끝없는 속임수를 자신들도 모르게 이끌어내기 쉽다.

조화로운 사람들의 특징은 한마디로 긍정적인 사람이다. 두말할 나위 없이 이런 사람들은 타인에 대해 관대하며, 자신의 장점과 단점을 솔직하게 시인하고, 그로 인해 지나치게 슬퍼하지도 기뻐하지도 않는다. 따라서 타인의 단점을 비판하지도 않고, 타인의 장점에 대해서도 열등감이나 경쟁심 없이 있는 그대로 받아들인다. 즉, 이기주의에서 이타주의로 삶의 방향을 전환시키면서 자아실현을 향해 최선을 다하는 모습을 보여준다. 그들은 자신과 타인을 괴롭히는 에너지를 힘을 북돋우는 에너지로 바꾸기 때문에 기쁘고 즐거운 인생을 산다. 자신과 타인의 긍정적인 면을 발견할 수 있는 눈을 가진 사람은 행복한 사람이다. 한마디로 편안한 사람들이다. 성숙한 사람이란 자신도 편하고 상대방도 편하게 해 주는 사람이다.

주요내용

하나, 한 인격이 조화롭게 성장하는 데에 가장 중요한 것은 상대방을 있는 그대로 존중해 주고 인정해 주는 것이라 볼 수 있다.

둘, 상대방의 모습을 사랑과 존중, 인정과 아름다움으로 바라보기 위해서는 자신의 내면의 모습, 즉 내가 가진 멋진 힘들은 무엇인가에 대한 정직한 탐색이 필요하다. 이것은 결코 자만도 교만도 아니며, 나에 대한 당연한 의무요 책임이다.

셋, 대인관계에서 나에 대한 긍정적인 면을 자각한다는 것은 바로 나 자신의 부정적인 면을 극복해 낼 수 있는 좋은 도구가 된다.

넷, 자기 스스로는 자신을 인정하지 못하면서 타인 또는 사회적 힘(명예나 권력등)을 빌어서 끝없이 인정받으려고 한다. 인정받지 못하면 경쟁심과 열등감이 올라와 노심초사한 상태를 유지하게 되고, 이러한 감정들은 또다시 상대의 가치를 인정하기 어렵게 만드는 심리적 배경이 된다.

* 뒷 페이지 「나에 대한 새로운 인식」을 강의자의 지시에 따라 직접 실습해 보고 토론해 보자.

2. 지지세력

사람들은 자기가 소속된 장(場)에서 사회적인 결속을 잘 맺고 있고 대인관계가 원만하면, 활력이 있고 정서적인 만족감도 더불어 느끼며 산다. 특히 사회생활에서 인간은 누구나 다 일정한 스트레스를 겪고, 그 극복하는 과정 속에서 살아간다.

정신역동적 접근에서의 중심적인 심리적 양상은 사랑받고 인정받고 칭찬받고 의지하고 관심받고자 하는 욕구에서 파생된 문제이다. 이 욕구가 충족되지 않기 때문에 오히려 상대방에 대해서 미운 감정이 생기는 것이다. 대인관계에서 사람들은 사랑을 받으려는 대상에게 미움을 간직하고 있으나, 사랑을 받지 못할까봐 이 감정을 억압한다. 억압을 하면 불안, 우울, 죄책감, 자학이 나타나게 되고, 이렇게 되면 갈등 속에서 헤어나지 못한다. 이것이 심리적인 문제이다.

따라서 부모, 스승 그리고 직장의 상사나 남을 지도하는 입장에 있는 사람들은 특히 잘하는 일은 아낌없이 인정과 칭찬을 해 주고 잘못한 일이 있으면 꾸짖거나 벌을 줄 줄 알아야 할 것이다. 그래야 모든 일이 질서를 갖추게 되고 바로 된다. 그렇다고 무조건 칭찬만 하라는 뜻은 아니다. 칭찬할 일은 칭찬하고 꾸중할 것은 꾸중을 해야 한다. 잘한 일에 마땅한 칭찬과 인정이 없다면 자존심이 길러지지 않는다. 정신건강은 진정한 자존심이며 정신 불건강은 열등감의 상태이다(이동식, 1989).

결국 대인관계 속에서 지지적인 세력은 서로서로에게 필요한 자양분이다. 지지세력이란 나를 둘러싼 주변인, 주변상황 등의 지원체계를 말한다. 지지세력은 우리에게 유·무형의 힘을 부여하여 대인관계에서 오는 일상의 고통과 스트레스를 견뎌내는 데 도움을 주며, 개인이 가진 병리적인 역동을 극복해 나가는 중요한 도구가 되기도 한다. 구체적으로는 물질적, 사회 심리적 접근으로 다루어 볼 수 있다.

첫째, 물질적 지지세력이다.

물질적인 지지는 스트레스를 겪고 있는 사람에게 필요한 재정적인 지원을 포함해서 서비스를 제공하거나 힘든 일을 함께 나누어 함으로써 스트레스를 겪고 있는 사람의 부담을 덜어주는 지지를 말한다(장연집 외, 1997). 이는 아주 실질적으로 도움이 되는 지지이기 때문에 가까운 사람에게서나 받을 수 있으며 당면한 사람에게는 구체적인 도움이 된다.

물론 이것이 근본적인 문제를 극복하는 힘이 되는 것은 아니나, 물질적인 지원을 통하여 사회적, 심리적인 부분에 영향을 주고 있는 것은 사실이다. 물질적인 지원을 통한 자기성취나 만족감은 심리적인 안정을 제공하여 주는 등 파생되는 효과는 무시할 수 없다고 본다.

둘째, 사회 심리적 지지세력이다.

사회적 지지 속에 물질적, 심리적인 부분을 포함시킬 수도 있으나, 여기에서의 사회 심리적 의미는 조언적인 지지와 정서적인 지지를 말한다.

지지적인 역할을 해주는 사람들은 가까운 가족이나 친구, 선후배, 목회자 등이다. 가정에서나 사회적인 모임 혹은 좋은 친구를 통해서 얻는 정보와 지지적인 조언 그리고 실질적인 도움은 스트레스를 해결하는 데 아주 중요한 역할을 한다.

지지적인 조언은 당면하고 있는 스트레스를 좀 더 객관적으로 이해하도록 돕고 어떻게 문제를 풀어가는 것이 효과적인지를 일깨워준다. 예컨대 학교장면에서 겪게 되는 친구와의 갈등을 어떻게 해결해야 할지 고민을 하고 있는 사람이 있다면, 그 친구와의 관계를 한걸음 뒤로 물러서서 이성적으로 보도록 도와주고 어떠한 방법으로 대처할지를 같이 모색해 보는 것이 큰 힘이 될 수 있다.

정서적 지지는 가족이나 주변 구성원들의 감정공유, 칭찬, 격려, 배려 등을 의미한다. 스트레스 상태가 되면 누구나 슬픔, 불안, 우울, 자존감의 상실을 경험하게 된다. 지지적인 친구나 가족이 따뜻하게 감싸주고 안심시켜주고 이런 감정들을 이해하고 공감해 준다면 큰 용기를 내는 데 보탬이 될 것이다. 혼자서 겪는 어려움이 아닌 주변의 따뜻한 관심과 배려를 느낀다면 고통스런 감정, 부정적인 감정에서 보다 빨리 벗어날 수 있을 것이다. 그리고 상대방이 특별한 표현을 해 주지 않아도 그냥 조용히 들어주는 역할만으로도 정서적인 지지가 될 수도 있다.

요즈음은 상담이나 심리치료가 어떤 주변인보다 전문적이고 실제적인 지지세력이 된다는 것을 아는 사람이 많다. 아직도 일부에서는 심리상담을 받는다고 하면 정신이 이상한 사람이 가는 정도로 생각하는 경우도 있긴 하지만 교육을 통하여 새로운 시각을 가지는 사람이 점점 증가되고 있는 추세이다.

지지세력은 본인 스스로가 노력하지 않아도 저절로 형성된 경우도 있다. 이런 경우는 흔히 '복이 많은 사람이야'라고 말을 하는데, 그것도 심리적으로 건강한 사람이 그 복을 제대로(!) 받아들일 수 있다. 오는 복도 차버리는 병리적 역동을 가진 사람도 꽤 있다는 뜻이다(예, 의존적 욕구가 너무 커서 잘 해주어도 계속 더 잘 해주기만을 바라고 상대방에게 불평하고 짜증을 내게 되면, 시간이 흐르면서 상대는 지쳐서 지금까지 잘 해주는 것마저도 시들어 버리게 된다. 오히려 그것을 고마워하는 제 3자로 마음이 떠날 수도 있다). 어쨌든 환경적인 조건이나 좋은 사람을 만나 지지를 받는 경우는 개인적으로 다행스러운 일이다.

주변에 지지적인 힘이 없을 경우도 많다. 이런 경우에는 자신이 주변을 지지세력으로 만들어 나가는 능력을 길러야 한다. 즉 주변의 자원(인간, 물질, 환경 등)을 최대한 주의 깊게 관찰하여 자신에게 적절한 지원체계를 발견하고 계발시키는 적극적인 태도가 필요하다. 예컨대, 신앙을 가진다든가, 자기가 좋아하는 공부를 한다든가, 타인이 제시하는 긍정적인 피드백을 있는 그대로 받아들인다든가, 좋아하는 운동이나 취미활동을 한다든가, 봉사활동에 참여한다든가, 대화가 잘되는 누군가를 만난다든가, 그룹활동에 참여한다든가, 재미있는 일을 찾는 등 능동적인 자세를 취하는 것을 말한다. 이러한 과정에서 개인적인 잠재력도 발휘되고, 성취감도 높아지므로 현실적인 발전이 가능하다. 그리고 자신의 생활을 자기가 개척해 나가는 능동적인 생활태도, 그 자체를 건져내는 것이다. 따라서 '하늘은 스스로 돕는 자를 돕는다'는 신념 아래 주변의 자원을 자신에게 유리하게 작용하게끔 전환시키는, 즉 지지세력을 스스로 만들어 나가는 긍정적이고 적극적인 생활태도가 필요하다.

질병과 사회적 지지에 관한 연구들은 사회적 지지의 효과를 다각도로 밝혀주고 있다. 사회적인 지지가 풍부한 환자는 그렇지 못한 사람들에 비해 사망률이 감소했다는 보고(Berkerman, 1985)와 사람이든 동물이든 사회적인 고립은 죽음의 중요한 원인 중 하나라는 주장은 사회적 지지와 죽음과의 관계를 잘 말해주고 있다. 또한 사회적 지지를 잘 받은 산모는 임신시나 출산시에 부작용을 거의 일으키지 않았고(Collins 등, 1993), 에이즈AIDS환자의 경우도 사회적인 지지를 받아들일 때 덜 우울해 하고 덜 무력해 했다는 연구 보고가 발표된 바 있다(Zich & Temoshok, 1987).

주요내용

하나, 대인관계에서 사람들은 사랑을 받으려는 대상에게 미움을 간직하고 있으나, 사랑을 받지 못할까봐 이 감정을 억압한다.

둘, 지지세력은 우리에게 유·무형의 힘을 부여하여 대인관계에서 오는 일상의 고통과 스트레스를 견뎌내는 데 도움을 주며, 개인이 가진 병리적인 역동을 극복해 나가는 중요한 도구가 되기도 한다.

셋, '하늘은 스스로 돕는 자를 돕는다'는 신념아래 주변의 자원을 자신에게 유리하게 작용하게끔 전환시키는, 즉 지지세력을 스스로 만들어 나가는 긍정적이고 적극적인 생활태도가 필요하다.

* 뒷 페이지 「현재의 지지세력」을 강의자의 지시에 따라 직접 실습해 보고 토론해 보자.

3. 나에 대한 새로운 인식

*실행: 나 스스로 생각하는 나의 긍정적인 힘은 무엇인가? 나의 성격특성이나 행동양식 등이 관련된 심리적 부분, 사회인으로서의 내가 지닌 긍정적인 부분, 환경적인 부분 등 다양한 면을 인식하여 보자. 아울러 타인이 보는 나의 좋은 점을 인식하여 보자.

나의 긍정적인 면

1.
2.
3.
4.
5.
6.
7.
8.

4. 현재의 지지세력

*실행: 나를 둘러싼 주변을 살펴보고, 현재 나에게 지지세력이 되어주는 사람, 또는 상황은 무엇인가 점검해 보자.

대상	구체적 내용
( )	
( )	
( )	
( )	

5. 자기탐색 사례

1. 인정에 목매였던 나...
   분리가 잘 되지 못했던 아들...

어린 시절 기억과정에서 두 참가자께서 선생님께 칭찬듣고 인정받으시는 것을 보면서 나는 슬며시 나의 내부에서 인정의 나무에 목매는 나 자신을 본다. 가족과 친척들에게 늘 인정받으며 살아 왔다고 자부심을 느끼면서도 100% 인정에 목매는 이유는 무엇일까? 5남매 자녀 중 내가 제일 인정을 많이 받았다고 생각하여 왔는데 지금까지 그 인정의 욕구가 중독이 되어 계속되고 있는 것은 아닐지 모르겠다.

다른 한편으로 생각하여 보면 3-6세까지 할아버지 댁에 가 살면서 할머니, 증조할머니, 시집 안간 고모 등 많은 사랑을 받아왔지만 부모와 떨어져 살았다는 것이 늘 목마름으로 잠재되어 있는 것 같다. 행사나 명절 때마다 오실 때 나의 새옷을 마련하는 등 나름대로 애쓰셨지만, 나는 뭔가에 대한 허전함으로 매달리는 자신을 본다. 기억하여 보니 증조할머니 등에 업혀 동네에 마실 다녔던 일이 있는데, 부모님이 한번 다녀가시면 마구 그 등을 두들기고 울며 발버둥치고 옆에 계신 할아버지 수염을 다 뜯어놓은 일이 생각난다.

동시에 할머니께서 아주 큰항아리에 솔잎 한 켜 깔고 홍시 한 켜 솔잎 한 켜 홍시 한 켜 해 두었다가 겨울에 꺼내 화롯가에 두고 약간 누글누글하면 먹은 기억도 있다. 부엌 바닥 한쪽에 밤을 많이 묻어 두고 불때는 아궁이에 구워 먹던 일 등등 따뜻한 기억도 새록새록하다.

그런데 앞의 수업시간에 '엄마를 아줌마라고 불렀던' 기억이 떠올랐으며, 그 얘기를 처음 들은 작년 가을에도 아무 감정이 없었고, 그것을 적은 앞 시간에도 별로 감정이 생기지 않았는데, 선생님께서 '왜 그렇게 불렀는지'라고 했을 때 왠지 나 자신이 좀 불쌍한 생각이 들었다. 어쩌면 이 불쌍한 마음이, 나의 의지와 전혀 상관없이 분리되어진 어렸을 때의 그 마음이 어른이 된 지금도 작용하고 있는 것 같다. 그러니까 큰 아이를 특별히 자애하시는 시어른이 나의 아이를 나로부터 분리시키려는 것으로 내가 과민하게 받아들이는 것은 아니었을까라고 느껴진다. 항상 나로부터 분리되어지는 아들을 보며, 내가 아들로부터 분리되어지는 것에 내가 늘 불안해하는 것은 어릴 때의 전이감정으로 생각되어 진다.

그리고 기억하지 못하고 꾸는 꿈이 대부분이지만, 기억하는 꿈은 늘 기분이 개운치 못하다. 항상 꿈속에서 나는 지기만 한다. 또한 늘 무섭고 도망가는 꿈, 이것도 다 강제적으로 분리되어진 어릴 적 나의 감정 때문이 아닐까 여겨진다.

나는 주변사람들로부터 차분하고 여성스럽고 예쁘다는 얘길 자주 듣는다. 내가 얼굴이 잘 생겨서 예쁘다는 의미가 아니고, 마음이 곱다는 얘기인 것 같다. 아마도 조부모님과 주변인들의 따뜻한 배려가 중요하였던 것 같고, 부모님을 기다리는 아쉬운 마음이 늘 잠재되어 있어 그런지 차분하게 상황을 기다리는 면이 내겐 많다는 생각이 새삼스럽게 다가온다. 무엇보다도 그런 나를 지켜주는 나의 남편은 내게 큰 지지세력으로 다가오고, 남편은 나의 다소곳한 모습이 아마도 늘 보호해줘야 할 것 같은, 보호본능을 유발시키는 작용을 한다고 얘길 한다. 강한 여성보다 훨씬 순종적이고 부드러워 오히려 좋다고 하는데, 내 마음속에서 부모님에게 의존하고픈 나의 본능이 잘 드러나는 대목으로 보인다.

2. 사랑의 묘약

내 삶의 한켠에 드리운 억겁 인연의 실타래들.
올올이 얼키고 설키어 서로의 상채기들을 싸맨다.
옳고 그름은 무엇이며, 잘나고 못남은 또 무엇이냐?
한낱 무명 속에 빚어진 탐 · 진 · 치의 삼독인 것을.

나도 옳고 너도 옳은 자기이해. 타인이해.
얽매일 것도 매어 둘 것도 없는 자기 사랑, 타인사랑.
나에게서 너에게로 너에게서 나에게로 여기 지금
이해, 사랑, 존중, 인정을 실은 感情船을 띄운다.
어둠의 동굴을 지나 햇빛 찬란한 心海 속에
무지개빛 사랑의 물결 두둥실, 두둥실.

사랑은 있는 그대로의 모습을 감싸주고 지지해 주는 것.
사랑은 서로의 부족을 채워가도록 도와주는 것.
사랑은 나와 너가 없는 하나로서 서로를 지탱해 주는 영원한 반석.
사랑은 오고 감이 없는 심연 깊은 곳에 자리한 영원한 감로수
사랑은 있는 곳에서 없는 곳으로 흘러가는 마르지 않는 감정의 묘약.
그리고 일체로부터 벗어나기도 하고 일체를 감싸 안기도 하는 대자유.

제10장

교정적 사후교육(4) : 건강한 대처방식/ 손댈 수 없는 부분

상대방을 바꾸려는 에너지를
상대방을 인정하려는 에너지로 바꾸어라.

1. 건강한 대처방식 : 상호반응 양식의 분석

앞에서 우리는 생활 속에서 쉽게 사용하는 방법으로 방어기제를 학습하였다. 적절한 방어기제를 통한 대처방식은 사실상 불가피하여, 때로는 자신을 지켜주는 힘이 되기도 한다. 특히 그 중에서도 사회적으로 용인되는 방향으로 에너지를 사용하는 승화라는 대처방식은 매우 건강한 방식이라고 보았다. 여기서는 좀 더 구체적으로 상호 반응양식과 조절, 통제하기 위한 방식을 살펴보도록 한다.

현재 우리가 경험하고 있는 정신역동적 다인관계학습은 정신분석이론에 뿌리를 두고 있다. 이 이론에서는(Freud, 1923, 1940) 인간의 마음의 구조를 3가지, 즉 이드(id, 본능), 에고(ego, 자아), 슈퍼에고(superego, 초자아)로 나눈다. 본능은 쾌락의 원리에 기초한 내면의 충동, 본능적인 욕구, 생명체에 따라 움직이는 마음상태를 의미한다. 초자아는 사회, 도덕, 양심과 같은 도덕의 원리에 따라 움직이는 마음상태를 말한다. 자아는 성숙한 기능으로서 본능을 조절하면서도 초자아가 비대해지는 것을 적절히 조절해 주는 현실의 원리에 따르고 있는 기능이다.

대체로 성숙하지 못한 사람이라 함은 본능(id)이 통제되지 않거나, 초자아(superego)가 지나치게 비대하거나 혹은 부족하여 자아(ego)가 미성숙하게 작용하는 사람을 뜻한다. 따라서 현실상황에서 건강하게 대처하는 사람은 자아가 성숙하며, 불건강한 방어기제 방식을 적절히 통제하는 사람을 말한다. 그러면 대인관계의 문제 상황에서 성숙한 자아(ego)를 작용시키기 위해, 건강한 대처방식을 위해 어떠한 방법으로 노력하여야 하는지에 관한 구체적인 내용을 살펴보자.

일상의 문제로 인하여 나와 상대방이 대치되는 상태가 발생되었다고 하자. 이 때 대부분의 사람들은 좀 더 근본적인 문제를 뒤로 한 채 사실 그 자체를 가지고 옥신각신한다. 물론 때때로 그들은 계속되는 악순환의 굴레를 느낀다. 그러면서도 자신도 모르게 그 고리 속으로 다시 빠져 들어가는 경험을 반복한다. 이런 경우 대부분의 사람들은 문제 그 자체뿐만 아니라 자신의 불안한 감정 속에 휘말려 버리기 쉽다. 즉, 과거의 왜곡된 감정이 슬며시 고개를 들기 시작한다는 뜻이다. 그와 동시에 전이감정에 의한 기존의 대처방식을 그대로 사용하게 되기 쉽다.

그러나 좀 더 성숙된 문제해결을 위하여 대치되는 문제상황을 주의 깊게 살펴본다면 다음의 양상을 발견할 수 있다. 즉 어떤 문제이든, 반복되는 자신의 반응양식이 있으며, 우리의 반응에 대한 상대방의 반복되는 반응양식이 있다. 이들 두 반응양식은 마치 보이지 않는 수레바퀴처럼 함께 굴러간다. 즉 그 두 반응양식은 나·상대방 각각 조건화되어 굴러가고 있으므로 자신들도 모르는 무의식적인 반응에 의하여 생활 가운데서 묻어 나온다. 소위 말하는 갈등의 시작이요, 막힘의 상태가 되는 것이다. 따라서 문제가 되는 것은 처음에는 사실 그 자체였는데, 차츰 사실 그 자체보다는 그 사실로 인해 발생되는 감정상태이며, 드러나는 방식은 반응양식인 것이다. 더욱이 그 반응양식의 과정에서 나오는 감정의 갈등은 심각한 대인관계의 늪에 빠뜨리기도 한다.

그러면 어떻게 대처할 것인가?

우선 각각의 반응양식을 주시한다는 것은 매우 중요하다. 한마디로 '멈추어 바라보는 자세'를 가지면서 차분하게 방금 서로가 대응하였던 방식을 들여다 보는 태도를 취하는 것이다. 그리고 그 반응양식을 스스로 검토, 분석해 보면서 왜 그런 반응양식을 반복해 나가고 있는지를 생각해 본다. 이런 통찰의 계기는 바람직하지 못한 자신의 대처방식을 찾아내는 데 도움이 된다. 즉, 우선 자신의 반응양식을 인정하고, 그것을 수용하는 작업은 자신의 양식을 바꾸는 데 첫걸음이 될 것이다. 그리고 다른 사람이 나의 입장이라면 어떻게 반응했을까? 왜? 나는 지난번과 똑같은 양식을 되풀이하면서 괴로워하는가? 나의 욕구는 무엇이며, 이 욕구는 어디서부터 출발되었을까? 상대방의 행위에 대해 반복적으로 느껴지는 이 감정은 어떤 전이감정에서 출발되었을까? 등등에 대해 느껴보고, 타인과 직접 대화해 보거나 조언을 구하는 등 객관적인 방법을 취하려는 노력, 즉 성숙한 자아(ego)기능을 발휘하는 것이 건강한 대처방식이 될 수 있다. 결국은 편안한 감정상태 유지가 중요한 관건이 된다.

그 방식을 단계별로 정리해 보면 다음 페이지와 같다(표 6 참조).

주요내용

하나, 성숙하지 못한 사람이라 함은 본능(id)이 통제되지 않거나, 초자아(superego)가 지나치게 비대하거나 혹은 부족하여 자아(ego)가 미성숙하게 작용하는 사람을 뜻한다.

둘, 상호반응양식의 과정에서 나오는 감정의 갈등은 심각한 대인관계의 늪에 빠뜨리기도 한다.

* 자신의 현실문제를 위 단계에 따라 대처하여 보자.

<표 6> 건강한 대처방식을 위한 탐색단계

단계	내 용
1	현실적으로 문제가 되는 것은 무엇인가? 예) 아이가 밤늦게까지 컴퓨터를 하고 있다.
2	문제가 발생되는 즉시, 사실 그 자체보다도 감정적인 측면에 휩싸이지 않는가? (멈추어 바라보는 자세) 예) 우선 감정이 격해지지 않도록 잠시 멈추어 내 감정을 자각한다. 또는 심호흡을 하면서 평소의 행위가 나가지 않도록 조심한다.
3	나 자신의 조건화된 대처방식(습관적으로 해 왔던)이 무엇인가? (시간적인 여유가 필요함) 예) 잔소리하거나 짜증내면서 지시하였다. '빨리 자러 가거라. 또 시작이구나' 등등…
4	조건화된 대처방식은 언제, 어떻게, 어떤 원인으로 형성되었는가? (전이감정의 탐색) 예) 느긋하게 바라보지 못하는 나의 조급한 감정세력(정신역동), 인정받고 싶고 빨리 성취하고 싶은 욕구, 잔소리하면서 짜증내는 과거의 대처방식 등등…
5	같은 문제상황에서 타인들의 대처방식은 무엇인가? (도움요청) 예) 친구 A : 아이가 검색하고 있는 컴퓨터의 내용을 살펴보고 그것에 대하여 이야기하는 등 관심을 가져준다. '아, 이거 재미있겠구나' 라고 하면서 이해해주는 반응을 한 후 '엄마가 다소 걱정이 되니 몇 시에 마무리 할 것인지 알려주면 고맙겠다.'라고 표현해 보면 어떨지…
6	실행을 위해 예상되는 문제점과 그 극복방안은 무엇인가? 예) 5단계의 친구 A의 방식은 평소때 하지 않았던 방식이라 조금 쑥쓰럽고 어색할 것 같다. 그러나 아이가 평소의 나의 방식보다는 인간적으로 느낄 것 같으니 조금 노력해보자.
7	현재의 나의 조건에서 결론적인 대처방식은 무엇인가? 예) 크게 심호흡을 한 후 컴퓨터에 다가가면서 '아, 재미있겠구나' 라는 이해의 반응을 하면서 이성적인 마음으로 '지금까지 컴퓨터때문에 너에게 화를 내는 엄마의 모습이 속상했다. 그래서 네가 몇 시까지 할 것인지 알려주면 내가 안심이 될 것 같다.'라고 도움을 요청해 보는 형식을 취하자.

2. 손댈 수 없는 부분

2-1. 인간의 다양성

유・아동기의 부모-자녀간 상호작용은 훗날 대인관계에서 많은 부정적, 긍정적 관계를 형성한다. 대인관계를 설명하는 여러 이론 중 융(Jung)의 성격유형론에서는 인간이 어떤 사물을 보고 느끼고 판단하며, 행동으로 옮기는 방법은 제각각 인간이 가지는 선천적인 경향성에 따라 다르다고 보았다. 즉 그 대처방식은 선천적인 경향성에 따라 대인관계에서 바람직하게 작용될 수도 있고, 마치 만나지 말아야 되었을 관계처럼 힘들게 될 수도 있다. 가족간(가족과 다름없는 직장생활도 포함)의 관계가 부정적일 경우 좌절과 고통을 겪기도 하고 긍정적일 경우 만족과 기쁨을 느끼기도 한다. 이러한 부정적, 긍정적인 관계가 상호 성숙해지면 통합의 과정을 이루게 되어 조화로운 한 인격체로 형성된다. 그러나 인간의 성격적인 특성과 역동에 대한 이해가 없을 경우에는 대인관계에 있어 많은 오해와 문제점을 야기할 수도 있다.

같은 부모로부터 태어난 형제자매간에도 성격과 능력에는 차이가 있다. 그 차이에 따라 가치관과 행동은 다양하게 달라질 수 있다.

드러나는 행동 면에서, 깔끔하고 꼼꼼하여 정리를 잘하는 아이가 있는가 하면, 스쳐간 자리는 늘 어지럽혀 있고 더럽게 하는 아이가 있다. 계획적이고 철저하고 사전에 준비가 잘 되어야 안심이 되는 사람이 있는가 하면, 무계획적이고 융통성 있고 그때그때마다 순발력 있게 일처리를 잘하는 사람도 있다. 여러 사람과 잘 어울리며 스스럼없이 이야기하고 남 앞에 나가서 발표를 잘하는 아이가 있는가 하면, 가능하면 소수의 사람과 어울리고 관심 있는 몇 가지 이야기만 나누면서 앞에 나가기 싫어하는 아이도 있다. 운동이나 게임을 즐기면서 열심히 노는 아이가 있는가 하면, 만화나 책을 보거나 조용조용 소꿉장난을 하면서 노는 아이도 있다.

내면에 감정이 풍부하여 남에게 배려를 잘하고 눈물이 많고 가슴이 잘 뛰는 사람이 있는가 하면, 감정보다는 논리정연하고 잘 따질 수 있어 싸움을 잘하는 아이도 있다. 형제지간에 동생이 논리적인 경우는 감정적인 형에게 오히려 말대꾸를 잘하고 조리정연하여 형을 난감하게 만들어 울게 하는 경우도 있다. 이런 경우에 부모는 아이의 성격적인 특징에 대한 이해가 없으면 형이 동생에게 져서 운다는 식으로 핀잔을 줄 수 있다.

또 어떤 사람은 매우 현실적이라 일처리가 객관적이고 합리적이면서 처리방식이 우수하며 수단과 방법이 머리에서 재빠르게 움직이는 사람이 있는 반면, 현실적인 문제를 매우 복잡하게 만들고 뜬구름 잡는 식으로 일을 처리하는 사람도 있다. 다시 말하면 철학적이고 현학적인 느낌이 들어 발을 땅에 딛고 사는 것 같지 않는 사람이 있는 반면, 현실에 잘 적응하며 일어나는 여러가지의 문제를 신속하고 객관성 있게 처리하는 등 발을 땅에 딛고 사는 느낌이 드는 사람이 있다.

능력과 소질 면에서도 학업에 우수한 능력이 있는 사람이 있는 반면 예술적 재능이 뛰어난 사람도 있다. 이론적인 면으로 우수하여 사물을 탐구하고 연구하며 가르치는 일에 능력을 발휘하기를 원하는 사람도 있고, 경제적 활동에 관심과 흥미를 가지는 사람이 있다. 또한 아름다움의 추구에 가치를 두고 창조활동을 다른 어떤 일보다 좋아하여 주된 경제적 활동보다 부수적인 취미활동에 더욱 더 관심을 가지는 사람이 있다. 고통받는 사람의 삶에 연민을 잘 느껴 자신의 몸과 마음을 사회를 위해 봉사하는 일에 높은 가치를 두는 사람이 있는가 하면, 국가나 사회발전에 관심이 많아 권력의 힘을 취득하여 자신의 영향력을 행사하고자 하는 정치형의 사람도 있고, 신(神) 또는 절대자에 대한 관심과 인간생애의 궁극적 의미를 추구하는 초월적인 성향을 가진 사람도 있다.

2-2. 인간의 독특성

가정생활에서나 사회생활에서 인간의 서로 다름을 통하여 배울 수 있는 것은 참으로 많다. 대인관계에서 서로 다름의 차이를 감지할 수 있는 능력을 가지고, 그 다름에서 무엇인가를 얻어 보려는 자세는 성숙한 자세라고 여겨진다.

인간이 지닌 독특성을 있는 그대로 바라볼 기회를 가지지 못한다면, 살아가면서 편협되고 왜곡된 시각을 가지기가 쉽다. 즉 전인적인 인격, 통합된 인격으로 발돋움하기 위해서는 서로 다름을 정확하게 인식하고, 그것을 있는 그대로 볼 수 있어야 한다. 사실, 인간의 독특성은 단순히 선천적인 성향뿐만 아니라 어떤 부모 밑에서, 형제 자매의 조건에서, 가족 중 어떤 대우를 받았는가에 따라서, 주변인의 인정과 관심 여부에 따라서... 등등 다양한 상황으로 인한 역동이 작용하기 때문에 한 마디로 설명하기는 어렵다. 이러한 다양한 조건에 의해 형성된 감정흐름, 즉 개인의 정신역동에 따라 형성된 독특성은 그에게 닥친 현실적인 조건에 따라 긍정적으로도 작용하고 부정적으로도 작용한다.

어쨌든 인간에게 그 나름의 독특성이 있다는 뜻은, 다른 의미로는 인간에게는 각자 손댈 수 없는 부분이 반드시 있다는 것이다. 탄생시 부여된 본성에 대한 이해를 요구하는 부분이다. 만약 상대방의 손댈 수 없는 부분에 대해 누군가 자꾸 반복해서 건드리게 된다면 서로에게 큰 상처를 남기게 되고, 그것이 지속될 경우에는 씻을 수 없는 깊은 골을 만들게도 되는 것이다. 부여된 본성 그대로 상대방을 바라볼 수 있는 사람이라면 아마 성인(聖人)에 가까울 것이다. 그러나 비록 우리가 성인의 경지는 아니라 할지라도 상대방을 있는 그대로 인식하고 바라보려고 노력할 때 아마도 풀리지 않을 것 같았던 대인관계의 문제는 서서히 해결의 실마리를 찾아갈 수 있을 것이다. 예컨대, 부부사이에 의견이 서로 달라졌을 때 ‘아니 당신, 그것이 말이라고 하세요?’라든지 ‘세상에 어떻게 그런 생각을 할 수 있어요’라든지 ‘참으로 상식 밖이네요’라든지 ‘내가 수차례 얘기했는데 제발 그런 생각은 하지 마세요’라는 반응을 하기 쉽다. 만약 이 때 어느 한쪽에서라도 ‘아– 당신은 xxx 생각했군요. 갑자기 들은 얘기라 제가 조금 당황스럽기는 하지만, 당신의 의견이 그렇다는 것을 알았어요. 평소의 제 생각과 조금 다르지만, 저가 시간을 가지고 생각해 보겠어요’라는 태도를 가지면 상대방은 ‘아– 나의 이야기를 밀어내지 않는구나. 나도 다시 한번 생각해 보아야겠군’ 하는 마음이 생길 것이다.

인간은 그들의 생각과 가치관, 감정상태와 행동양식 등 다양한 측면에서 누구나 가지고 있는 손댈 수 없는 부분이 있다(안형관, 2000). 손댈 수 없는 부분... 이것을 어떤 사람은 단점이라고, 제일 큰 문제점이라고, 고칠 수 없는 부분이라고 말하지만, 어떤 사람은 매력이라고, 장점이라고, 특별한 부분이라고 말할 것이다. 만약 그것을 부정적인 의미로 받아들이는 사람이 있다면, 이 점을 '여백'이라고 생각하면 어떨까? 여백... 동양화의 여백이 허점으로, 단점으로 보였던가? 여백이 있기 때문에 아름다운 것... 꽉 차 있음으로 해서 오는 충만감도 즐겁지만, 여백의 너그러움을 보는 것도 때로는 행복하지 않겠는가! 여백이 없는 그림은 고요함이 없는 음악과 같다. 때로는 아름다운 멜로디 속에서 고요한 '쉼'이 연주의 최고 순간이 될 수 있다. 고요한 '쉼'은 그것 자체로서 다른 강렬한 부분이 살아나도록 하는 역할을 한다. 즉 여백도 우리의 내적인 힘인 것이다. 여백의 예술품을 감상할 수 있는 눈... 그 눈이 우리를 여유롭게 만들 것임에 틀림없다.

대인관계에서 이 여백의 눈에 불을 밝힌다면 아마도 대부분의 문제점은 해결되리라 본다. 물론 여러 측면에서의 감정순화 노력이 부단하게 필요할 것이다. 여백의 눈은 상대방에게만 향하는 것이 아니다. 자아의 실체를 진실하게 들여다보기 위해서는 자신 역시 스스로를 있는 그대로 느끼고, 부족한 부분을 그대로 여백으로 즐길 수 있어야 한다. 즉 나 자신 스스로에게도 여백의 미(美)를 부여하려고 노력하는 자세는 상대방을 바라보는 또 하나의 새로운 시각이 될 것이다.

여백의 아름다움은 자연스럽게 느껴야 한다. 억압하면서 느끼는 여백은 이미 아름다움이 아니며 고통이다. 억지로 아름다움을 느끼려고 하는 것은 여백을 있는 그대로 느낄 수 있는 능력이 마비되어 있다는 뜻이다. 차라리 억압하는 자신을 바라보면서 다시금 자신을 추스르는 작업이 필요할 것이다.

우리의 눈을 통하여 상대방의 손댈 수 없는 부분을 여백의 아름다움으로 보는 인식의 전환을 시도해 보자. '다름을 같음으로' 바꾸려는 에너지를 '다름을 인정해 주는' 에너지로 바꾸어야 할 것이다.

주요내용

하나, 인간의 성격적인 특성과 역동에 대한 이해가 없을 경우에는 대인관계에 있어 많은 오해와 문제점을 야기할 수도 있다.

둘, 인간에게 그 나름의 독특성이 있다는 뜻은, 또 다른 의미로는 인간에게는 각자 손댈 수 없는 부분이 반드시 있다는 것이다. 탄생시 부여된 본성에 대한 이해를 요구하는 부분이다. 만약 상대방의 손댈 수 없는 부분에 대해 누군가 자꾸 반복해서 건드리게 된다면 서로에게 큰 상처를 남기게 되고, 그것이 지속될 경우에는 씻을 수 없는 깊은 골을 만들게도 되는 것이다.

셋, 나 자신 스스로에게도 여백의 美를 부여하려고 노력하는 자세는 상대방을 바라보는 또 하나의 새로운 시각이 될 것이다.

3. 자기탐색 사례

1. 미움의 밑에는 의존적 사랑의 욕구가 있었다...

나는 몇 년 전까지만 해도 엄마를 싫어했다. 자주 잔소리를 마구 늘어놓고, 무엇이라도 말이 가면 채찍질하듯이 재촉하고 나에게 아버지를 무능하다고 하는 그 말과 성격이 정말 싫었다. 그래서 아버지와 어머니가 부부싸움 하실 때면, 엄마의 말이 이성적으로 옳다라고 느끼지만, 내 마음 저 밑에서는 엄마는 가해자고 아버지는 피해자이며 약자였다. 왜 그런 생각이 났을까!! 나 자신도 참 궁금했다. 평소의 모습에서는 엄마는 아버지에게 절대 순종하시는데...

'미움의 밑에는 의존적 사랑의 욕구가 있다'라고 수업시간에 학습하였던 것이 떠올랐다. 엄마를 미워하는 내 마음은 동생보다 나를 더 사랑해 달라는 마음이 아니었을까 생각한다.

어릴 때(몇 살쯤인지는 기억이 나진 않지만) 무얼 잘못해서 벌을 받고 있었는데, 엄마가 '잘못했다고 말하든지 다시는 안 그러겠다고 하면 벌서는 것 없애준다'라고 했다. 동생은 '잘못했다'라고 말하고 손을 내렸는데, 나는 끝까지 손들고 있었다. 한참 뒤 엄마가 '내가 졌다'라고 하며 손을 내리라고 했다.

아마도 동생의 대처방식은 엄마를 화나게 만들지 않고, 나의 방식은 엄마를 늘 힘들게 만들었던 것 같다. 엄마는 동생처럼 그냥 다소 순종하는 아이가 덜 부담스럽고 좋아서 부드럽게 대해주었고, 나는 늘 삐딱하게 한번 토라지고 말을 듣거나 떼를 쓰거나 하여 엄마를 어렵게 만드는 아이였던 모양이다. 그래서 엄마는 나를 동생보다 더 혼내고 꾸중하였고, 나는 그러한 엄마를 동생보다 더 미워한다고 생각하였다. 말하자면 엄마는 나에게는 늘 가해자의 입장이었다. 아버지가 엄마를 더 힘들게 하는 것이 확실히 눈에 보이는데도 내게는 엄마가 가해자였다. 그래서 은근히 아버지를 옹호하였고, 그 아버지의 모습은 바로 나의 모습이었던 것이다.

더 중요한 것은 내가 그렇게 떼를 쓰고 동생보다 이기려고 무단히 노력하였던 것은 엄마에 대한 사랑의 갈구였다는 것이다. 방식이 잘못되었을 뿐이지 그 밑마음은 동생보다, 동생과 비슷하게라도 사랑을 해달라는 것이었다. 그런데 나의 대처방식은 고집부리고 오기부리기를 해왔으니 엄마는 엄마대로 힘들고, 나는 나대로 힘들고...

그 때 엄마가 나에게 '엄마는 너도 동생과 똑같이 사랑한단다. 네가 얼마나 내게는 소중한 아이인데...'라는 말을 한번씩 하였다면 내가 그토록 오기부리고 고집부렸을까...

2. 부족한 부분이 풍요로움으로 느껴지는 여백의 의미

'지금의 나는 어디에서 왔을까?'

'나 자신에 대하여 얼마나 통찰할 수 있을까?'

호기심과 설레임으로 첫 시간을 시작하였는데 그 마음이 지금 시간까지 이어지는 귀한 시간입니다.

평소에 상담을 할 때나 대인관계에서 이해의 폭이 넓다고 자타가 인정을 하지만 스스로는 "공감"하기가 제일 어렵고 어떤 부분에서는 이해하거나 그로 인한 한 치의 양보도 하기 싫은 밴댕이속 같은 나를 보면서 놀라기도 하고 화나기도 하였는데 전이감정을 통해 공감하기가 쉬워진 것 같아 뿌듯한 기쁨과 함께 고마운 생각이 듭니다. 나는 가끔씩 '무엇이 나로 하여금 약한 자에게는 한없이 낮아질 수 있는데 강한 사람한테는 끝까지 오기를 부리고 굽히려 하지 않을까?' '이것은 어디에서 왔을까?' 깊은 생각에 잠길 때가 있는데 이것은 인정받고 싶은 욕구를 넘어선 아버지 권위와 동일시하는 나의 여백으로 인정해 주고 싶고 상대방에게도 그 나름대로의 독특한 부분이 있다는 것을 인정하고 나니 조금은 편안해집니다. 스스로에 대해 정의에 빠진 사람이라는 표현을 쓰는 제가 20여 년간 이 공부가 나에게 흥미를 갖게 하고 싫증나지 않은 것은 정의가 사랑으로 승화되어 내면의 자유를 느끼게 하기 때문입니다. 처음 정신역동을 접했을 때 나의 주된 감정이 '불안'이라는 것을 알게 되어 정신이 번쩍 들었습니다. '내가 왜 인정받지 못할까, 불안해하는가?'라는 생각은 쉽게 수용되지 못하였지만 성장기를 통해 전이감정을 탐색하고 나서 '외로움' '불안'은 항상 엄격하신 부모님과 또래보다는 많은 어른들 틈에서 좋고, 나쁘고, 옳고, 그르고, 잘했고, 잘못했고, 분석, 판단, 비난, 책임을 배웠고, 해야 할 일과 하지 말아야 할 일들에 길들여져 도덕적이고 규율과 임무가 분명한 아이로 키워졌다는 자각은 나를 이해하고 수용하는 데 훨씬 쉽고 편안하게 다가왔습니다. 저는 유년기에 사랑받고 보호받는 방법이 부모님들의 앞서가는 인정이었던 것 같습니다. 그로 인해 불안이나 열등감, 적개심으로 발전될 수도 있었는데 그것이 억압되었던 것 같습니다. 그 이유는 부모님들의 사랑의 표현방법이 그 당시 나의 수준보다 너무 어른스러웠기 때문에 나로서는 대처하기가 어려웠을 것 같습니다. 이런 생각들이 곧 손자를 맞을 할머니로서 아이 수준에 맞는 양육법을 생각해보게 됩니다.

첫 시간, 대인관계에서 부딪히는 부분에 남편과 ㄱ선생님이 독립적이지 못하고 의존적인 면이 보일 때 마음에 걸렸습니다. 그 이유를 생각해보니 합리적인 방법이 아닌 권위로 인정받으려고 하는 것이 애정욕구의 과잉이나 결핍에서 분리되지 못한 것이었습니다. 즉 인정받고 싶은 욕구가 해결되지 않아 어떤(?) 권위로 남아서 손댈 수 없는 부분으로 굳어졌겠죠. 이런 방법으로 이해하니까 상대방 전이감정이 살펴지면서, 있는 그대로 남편과 선생님을 인정해 주고 싶고 위로를 통하여 사랑의 욕구를 채워주고 싶은 측은지심이 듭니다. 상대방을 볼 때 나와 같지 않아서 왜 저렇게 모자라고 부족할까로 보던 시선이 지금은 모자라기 때문에 답답하지 않고 오히려 여유가 있습니다. 나와 같지 않아서 더 많은 것을 얻을 수 있는 풍요로움으로 부자가 된 느낌입니다. 아쉬운 것은 여백(손댈 수 없는 부분)은 영원히 여백으로 남겨두어야 하는가? 하는 의문입니다. 이것

또한 온 곳을 알았으면 역동을 느끼지 않을 방법도 있지 않을까 하는 궁금증이 남습니다. 계속해서 공부할 수 있는 희망으로 남겨두고……

정말 감사합니다.

제Ⅲ부
성숙한 대인관계

> 대인관계의 중심적 목표는 간단하게 보면 성숙한 인간 대 인간으로서의 만남이다. 성숙은 한 마디로 거의 완전히 정의될 수 있는데, 그 단어는 "책임"이다. 성인이 된다는 것, 성숙된 어른이 된다는 것은 자신과 타인에 대한 책임을 질 수 있다는 의미이며, 성인이 된다는 것은 성숙의 다른 본질적 요소인 홀로 된다는 감정을 내포한다. 한마디로 적절한 성숙과정은 아동기 감정양식으로부터 충분히 '벗어나는 과정'을 포함한다.

제11장

통찰을 위한 자기분석/통찰수준

'안다' 정도로는 부족하다.
깨닫는 것이 중요하다.
통찰능력은 성숙한 사람의 재산...

1. 통찰을 위한 자기분석

1-1. 자기분석

대인관계에서 발생하는 문제점을 상담 또는 치료하는 데는 여러 가지 방법을 사용한다. 일반적으로 전문가의 도움을 받아서 상담하는 것이 좋으며, 어느 정도의 전문적인 지식의 습득과 개인상담 혹은 집단상담의 경험, 또는 정신분석 등을 경험한 사람은 아래와 같은 방법으로 통찰을 위한 자기분석이 가능하다. 사실상 통찰과 문제해결의 진전은 대부분 분석 이후에 일어난다. 그리고 분석이 잘된 경우라면 진전은 일생 동안 계속된다. 다른 말로 하면 분석은 통찰을 제공함으로써 그 이후의 생활에서 통찰과 연습을 통하여 아동기 양식으로부터 성장해 나가는 과정을 유도한다. 대부분의 '치유'는 통찰과 생활 속의 훈련 모두를 요구한다(Saul, 1971, 1979: Dewald, 1969). 만약 어떤 개인이 지나치게 의존적인 자신의 경향성을 잘 알고 있다면, 그의 일상생활 속의 여러 면에서 그러한 점이 나타나는 것을 보면서 의식적으로 노력할 수 있고 그러한 점을 줄여 나갈 수 있다. 적개심, 자만심, 과잉 경쟁과 같은 다른 경향성 역시 마찬가지이다.

그러므로 적절한 심리적 능력을 가진 사람이 찾아내고자 하는 것이 무엇인지를 알고 있다면 그 자신의 아동기 양식과 현재 생활에서 이런 양식이 일으키고 있는 문제를 인식할 수 있을 것이다. 또 다른 경우로는 몇 번의 면담만으로도 개인의 양식을 찾아내는 숙련된 치료자로부터 아동기 양식과 현재 양식을 알아냄으로써 문제의 핵심적 요소를 충분히 깨닫게 되고 이에 따라 스스로 자기 문제를 해결해 나갈 수 있을 것이다. 이와 같은 경우라면, 치료자를 몇 번 방문함으로써 올바른 궤도로 들어서게 된다. 그러므로 아동기 정서문제에 대한 철저한 이해와 인식이 도움이 될 수 있으며, 일단 적절한 통찰을 얻게 되면, 최소한의 도움을 받고서도 자신의 삶을 통하여 상당한 분석적 진전을 성취할 수 있을 것이다(Saul, 1971, 1979: Dewald, 1969).

자신의 감정양식이 대인관계(가족관계, 사회적 관계, 기타)에서 어떻게 영향을 미치는지에 대해 구체적으로 진단하는 것은 정신역동적 입장에서 자신을 탐색하는 초기의 관문이다. 진단을 위한 자료들은 현실상황에서 일어나는 문제, 평소의 습관, 주로 호소하는 문제들, 과거력, 평소의 생각들, 미래에 대한 견해, 정신상태(임상적 진단), 자신이 가진 장·단점 등 수없이 많은 내용이 필요하다. 그 중에서도 과거 가족관계에서 발생하였던 감정적 세력들(정신역동)은 여러 측면에서 원인이 되어 우리의 대인관계에 영향을 미친다. 따라서 기억, 생각이나 느낌 등을 파악하는 시간을 가지는 것은 자신의 역동진단에 도움이 되며 대인관계에서 발생되는 문제점을 극복하는 좋은 도구가 된다.

대인관계에서의 문제점은 나뿐만 아니라 상대방의 역동진단 역시 필요한 것이므로 나 자신의 것만 다루는 것도 무리가 따를 때가 많다. 그렇다고 상대방의 전이감정을 이해한다고 해서 그를 쉽게 바꿀 수 있는 것도 아니다. 상대방이 바뀌어 주기를 언제까지 기다려줄 수도 없다. 따라서 자기 스스로 상대방 전이감정에 대한 이해와 아울러 대인관계 속에서 발생된 어려움을 진단해보는 방법 즉 자기분석을 시도한다면 상대방에 대한 감정은 물론 나의 성숙에도 도움이 될 것이다. 대인관계에서 자기분석의 시도는 인간행동에 대한 이해를 한층 더 심도 있게 도와준다. 왜냐하면 자기분석의 깊이만큼 상대를 이해할 수 있기 때문에 자기이해를 위한 노력은 상대를 진정하게 이해하는 도구가 될 수 있다.

1-2. 자기분석의 단계

대인관계에서 지금까지 학습한 내용을 바탕으로 얻은 통찰을 생활 속의 변화로 연결시키기 위하여 자기분석을 다음과 같은 단계로 나누어 차근차근 체크해 나간다면 객관성 있게 문제를 해결해 나가는 종합적인 방법이 될 수 있다.

첫째, 문제가 되는 부분은 무엇이며 그 때 일어나는 감정은 어떠한가에 대한 정확한 이해가 필요하다.

누구와 누구의 문제라는 것보다는 나의 어떤 부분과 상대방의 어떤 부분과의 문제라는 식으로, 구체적으로 그 내용을 정의하는 것이 좋다. 아울러 그 상황에 대해서 느끼는 자신의 감정을 적어본다. 감정을 자각하고 포착한다는 것은 다음 단계에서 진단할 과거 감정흐름(정신역동)과의 관련성을 좀 더 밀도 있게 살펴보는 계기가 될 수 있다.

둘째, 위의 문제에서 특히 비례적이지 않는 감정과 대처방식에 대한 역동진단이 필요하다. 지금까지 앞에서 역동진단을 위한 기본적인 교육이 실시되어져 왔는데 그것을 몇 가지로 정리하여 본다.

① 첫 기억을 비롯한 0-6세 사이의 기억, 그 당시 자주 들었던 생각이나 느낌

② 부모의 성격적인 특징과 나와의 관계

③ 기타 중요인물(형제자매, 조부모, 친척, 이웃집 사람 등)과 나와의 관계

④ 성장기(초,중,고...) 동안의 주요사건과 생활방식, 즉 투쟁-도피반응, 적개심의 표출정도, 주로 사용하였던 방어기제 등

⑤ 잊혀지지 않는 꿈, 반복되는 꿈

⑥ 기타

셋째, 첫째의 주호소문제와 나의 전이감정과의 관련성 이해이다.

첫 단계에서의 문제가 되었던 부분이 역동진단의 결과 어떤 관련성이 있는지 살펴보고 전이된 감정을 체크해 볼 수 있다. 즉 나 자신이 상대방과의 관계에서 ××부분을 민감하게 느끼고 있지 않는지, 상대방의 주요역동을 자극하는 행동을 무의식적으로 사용하고 있지 않는지, 과거의 ××에게 향했던 감정이 현재의 상대방에게 향하고 있지 않는지, 과거의 대처방식이 현재 반복적인 행동과 관련이 있지 않는지 등을 고려해 볼 수 있다.

넷째, 현재생활 속에서 주요역동을 자극하는 부분(긍정적이든 부정적이든)과 지지하는 부분을 체크한다.

현재생활에서의 주변조건이 나의 주요역동을 부정적으로 자극하고 있는가, 아니면 오히려 긍정적으로 지지해 주는 역할을 담당하고 있는지 탐색하여 볼 필요가 있다. 만약 현재생활에서 환경적인 자극요인이 있다면, 다양한 방법으로 그 자극요인을 제거시켜 나가야 하고, 지지해 주는 역할이 없을 경우에는 지지세력을 보완할 수 있도록 노력이 필요하다. 이는 앞 시간의 제9장 '지지세력'에서 구체적으로 그 내용이 제시되었다.

다섯째, 긍정적 역동을 진단해 본다.

앞서 제시하였듯이 우리의 주요역동이 긍정적인 부분이든 부정적인 부분이든 그 영향은 다양하게 작용한다. 외부적인 지지세력도 필요하지만 자신 안에서 긍정적으로 작용되는 역동을 탐색하여 자신 스스로 내면의 힘을 자각하는 것도 문제를 해결하는 데 있어 중요하다.

여섯째, 상대방 전이감정에 대한 이해가 요구된다.

문제가 되는 상황이 발생할 시, 특히 상대방과의 관계에서 발생되는 문제는 상대방의 전이감정에 대한 이해도 반드시 필요하다. 나 자신의 역동과 관련된 문제점도 있을 수 있겠으나, 나로서는 어쩔 수 없는 상대방의 전이감정도 상당부분 작용하는 것이 사실이다. 따라서 상대방의 역동진단을 통한 전이감정을 정확하게 파악하고 진심으로 이해하는 것도 대인관계에서 발생되는 문제를 해결하는 방법이 된다.

일곱째, 문제에 대한 객관성 있는 태도를 탐색한다.

지금까지 대인관계에서 발생되었던(되는) 문제점을 여러 측면에서 진단·분석하였다. 그 내용을 토대로 충분한 이해를 거친 후, 앞의 문제에 대해 현실감 있게 합리적으로 기존의 태도를 교정할 필요가 있다. 현재의 상대방에게 느끼는 정서가 어떤 식으로 교정되어야 할지, 어떻게 사고를 바꾸어야 할지, 그로 인해 객관성 있는 대처방식은 무엇인지 등등. 결국 미숙한 자아에서 성숙한 자아로 변경시켜야 한다는 뜻이다. 상대방의 특별한 전이감정이 없는 한 성숙한 자아가 바탕이 된 객관성 있는 태도는 상대방과의 문제 해결에 도움을 줄 것이다.

여덟째, 구체적인 행동방안을 실천에 옮기는 작업이 필요하다.

지금까지 탐색한 내용을 토대로 구체적으로 상대방에게 어떻게 행동하여야 할 것인가를 고려하여야 한다. 예컨대, 교정적 사후교육에서 학습한 바와 같이 대화방식의 수정, 조급한 반응의 변경, 상대방을 고려치 않는 행동수정, 직접적인 대처방식의 변경, 충동적인 행동의 자제 등등... 생각만으로 그치는 것이 아니라 실제적인 행동을 통하여 상대방에게 어떻게 접근해야 할지 그 구체적인 방안을 검토하여야 한다는 뜻이다.

주요내용

하나, 일단 적절한 통찰을 얻게 되면, 최소한의 도움을 받고서도 자신의 삶을 통하여 상당한 분석적 진전을 성취할 수 있을 것이다.

둘, 대인관계에서 자기분석의 시도는 인간행동에 대한 이해를 한층 더 심도 있게 도와준다. 왜냐하면 자기분석의 깊이만큼 상대를 이해할 수 있기 때문에 자기이해를 위한 노력은 상대를 진정하게 이해하는 도구가 될 수 있다.

* 자신의 대인관계 문제를 자기분석의 단계에 따라 응용하여 보자.

2. 통찰수준과 대인관계

2-1. 지적통찰과 정서적 통찰

앞에서 언급하였듯이 어린이는 그에게 감정적으로 중요했던 인물, 즉 거의 대부분의 경우 부모가 그를 양육한 양식에 어떤 방식으로든 적응하며, 무의식적으로 다른 모든 대인관계서도 동일한 양식을 계속한다. 이러한 정신역동으로 인한 반복적 행동양식을 이해하지 않으면 대인관계에서 '좋은 감정'에 대한 바램은 가슴에만 간직될 뿐이다. 특히 부모-자녀 관계에서는 마음에서 우러나오는 사랑이 있음에도 불구하고 실제의 행위에는 사랑이 표현되지 않아 부모-자녀 모두를 힘들게 하곤 한다. 이러한 사실은 건강한 대인관계를 위해서 서로간의 역동에 대한 깊은 이해와 그 이해를 바탕으로 한 깨달음이 얼마나 중요한가를 다시 한번 느끼게 한다.

통찰이란 무의식적이었던 정서적 요소들이 이해되고 의식되는 과정(아하--그렇구나, 이런 내 모습이 ××원인으로 ××방식으로 되었구나)으로 소위 말하는 '깨달음'이라는 것이다. 이것은 한꺼번에 일어나는 것이 아니고 단편적으로 하나하나 일어난다. 이 통찰은 '심리적 통찰'과 '구도적 통찰'이 구분되어야 하는데, 여기에서는 심리적 통찰작업을 의미하며, 기회가 되면 구도적 통찰에 대한 학습을 하면 좋을 듯 하다.

통찰은 지적인 것(지적 통찰)에서부터 완전한 정서적 자각(정서적 통찰)에 이르기까지 여러 가지 수준과 깊이가 있다(정방자, 1998). 지적 통찰은 자신이 그전에 막연하게 알았던 자신의 상태를 수용하는 단계이다. 이 단계에서의 우리는 상대방에게 행하는 자신의 행위에 대해 머리로 알게 되는 것으로, 지적인 이해가 점차 깊어지는 단계이다. 따라서 이 단계에서는 자신의 일상생활의 경험에서 일어나는 새로운 생각이나 개념을 감정적으로 확고하게 이해하는 단계로 발전된다.

정서적 통찰의 경험은 우리 자신에게 상당한 의미가 있다. 즉 정서적 통찰은 머리로 알게 되는 지적인 이해의 차원을 넘어서 감정적으로 변화가 일어나는 가슴의 움직임을 의미한다. 이것은 두의식적 갈등을 자각하지 않으려는 저항이 점차 감소됨으로써, 자아는 그전에 경계하고 있었던 방어를 인식하고 수용하게 된다(Dewald, 1969).

무의식적 갈등에 대한 방어와 그에 대한 인식, 수용의 구체적인 예를 들어보자. 어떤 한 부모가 자녀의 행위를 보면 늘 태평스럽고 바쁘게 움직이는 것이 없어 답답하게 느껴졌다. 지금까지 행하여 왔던 방식이 잔소리 혹은 포기였다고 하자. 이 때 부모가 '저 아이가 ××해 주면 내가 그렇게 안 답답할 텐데... 다 저 아이 때문이야, 저것 봐. 나를 또 괴롭히려고... 내가 그만큼 얘기했는데...' 하고 생각한다면 자신의 무의식적 갈등을 자각하지 못하고 자녀에게 투사하면서 자신의 내면을 방어하게 되는 것이다. 그러나 만약 부모가 '저 아이는 그냥 TV보고 있을 뿐인데, 나는 왜 이렇게 조급할까? 답답한 것은 나인데 내가 아이 핑계를 대고 있구나. 일단 말은 해 보겠지만, 아이를 닦달할 필요는 없지... 어쨌든 나는 무척 불안하구나' 하고 생각한다면 자신의 무의식적 갈등을 수용하고, 경계하고 있었던 방어를 인식하고 수용한다는 뜻이다. 이렇게 되면 자연스럽게 그 이후의 객관적인 대처방식이 뒤따를 여지가 있다. 그 이유는 자신의 에너지를 스스로 방어하는 데 뺏기지 않고 합리적이고 현실적인 문제해결에 쏟기 때문이다.

많은 지적 통찰이 축적되어 정서적 통찰의 기초를 이루며, 정서적 통찰은 지적통찰보다 훨씬 생산적이고 강력하다. 따라서 그것은 효과적인 행동의 수행을 초래한다(Kaplan, 1980: Ellis, 1979). 즉, 지적 통찰의 수준도 매우 중요하지만 정서적 통찰 경험이 수반되어야 비로소 행동상의 변화가 일어난다고 볼 수 있다. 사실상 우리의 지적 통찰은 정서적인 통찰을 위한 필수 불가결한 단계임에는 틀림없으나 대인관계의 발전에 있어서 변화를 크게 기대할 수는 없다. 그러나 정서적인 통찰은 우리의 행동변화를 일으키는 질적인 도구가 되며, 인격 성숙을 위한 끊임없는 노력을 가능하게 해 주는 중요한 역할을 할 것이다.

정서적 통찰의 기본 핵심은 우리 자신의 진실한 감정변화를 의미하며, 그

변화가 대인간의 좋은 감정(good-feeling)의 중요 기저를 마련해 줄 것이다. 만약 우리가 정서적 통찰을 통하여 자신의 역동에 대한 깊은 이해를 가진다면 상대방에게 향하는 무의식적 태도에 대해 한층 더 깊은 탐색을 꾀할 수 있게 될 것이며, 그렇기 때문에 의식적인 노력을 할 수 있게 되는 것이다.

어떤 한 부모의 사례를 통하여 지적·정서적 통찰의 경험을 살펴보자. 이 부모의 자녀는 학교부적응상태를 지속적으로 경험하면서 중 2때 청소년 상담실에 문을 두드리게 되었다. 이 부모는 자녀가 공부에 흥미를 잃고 친구들과 어울리며 게임에만 몰두한다는 식으로, 자녀의 문제점을 드러내기 시작하였다. 혼을 내어 보기도 하고, 달래어 보기도 하고, 매를 대기도 하고, 전학을 시켜보기도 하고, 이것저것 안해 본 것 없이 다 시도해 보았으나 자녀는 부모가 원하는 대로 학업에 몰두하지 않고, 점점 더 회오리바람에 들어간 것처럼 불안과 우울증세를 보이며 학업부진, 관계손상을 가져오기 시작하였다. 드디어 자녀가 부모를 한 대 치는 사건이 발생하여 부모는 강제적으로 자녀를 정신과진료를 받게 한 후, 조울증이라는 진단을 받고 입원하게 되었다. 1달 입원 후 퇴원하였으나 자녀는 거의 무기력증세를 보이며 아무것도 하지 않으려는 극단적인 자세가 나와서, 다시 정신과 진료를 받게 하였다. 그런 식으로 중2부터 고3 까지 계속되는 입원 퇴원 입원 퇴원을 반복하면서, 주변에서 심리치료를 권유하기 시작하였다.

부모는 자녀가 왜 이렇게 부적응상태를 보였는가에 대한 근본적인 시작은 바로 부모의 불안 때문이라는 것을 알게 되었다. 부모, 특히 모의 불안을 투사한 자녀이미지는 한마디로 불안덩어리였다. 그 자녀가 어떤 행동을 하여도 불안할 수 밖에 없었던 것은, 바로 부모자신의 불안을 통찰하지 못한 것이었다는 것을 조금씩 알게 되었다. (지적 통찰).

엄마의 불안의 어디서부터 오게 되었는가에 대한 심리치료적 작업이 시작되었다. 바로 탄생 순간부터 딸이라는 이유로 박탈되었고, 또 이쁜 짓을 했을 때 사랑을 받다가, 남동생이 태어나면서 다시 박탈된, 한마디로 존재자체에 대한 깊은 불안을 온몸으로 이야기하면서 몸부림치며 흐느끼기 시작했다. 또한 그러한 것이 자녀에게 얼마나 괴로움을 주었는지에 대해 몸서리를 치면서 괴로워했다(정서적 통찰).

시간이 흐른 후 자신의 부모 조부모로서도 그 당시 어쩔 수 없었던 상황을 이해하고 용서하면서 현재 자신은 그 때의 자기가 아니라 새로운 자신이 되어야 함을 깊이 깨닫고, 자신을 재평가하려는 노력을 하게 되었으며, 그 노력은 바로 자기 자녀를 객관적으로 보는 시각을 가져다 주게 되었던 것이다. 자녀를 바라보는 시각에서 한 존재로서 편안하게 봐 줄려는 구체적인 태도가 나오기 시작되면서 자녀는 조금씩 안정되어 갔다. 제법 긴 시간동안의 방황과 낮은 자존감으로 재빨리 진척되지는 않았지만, 아주 작은 것부터 하나하나 현실을 찾아가는 모습이 보였다.(객관적 태도)

대인관계에서 우리는 처음에 자신의 아동기 감정양식을 탐색한 후, 상대방에게 향하고 있는 자신의 역동을 알게 되는 지적 통찰경험을 가지게 된다. 그것이 축적되면 자신의 정서적인 반응과 직접 수반되는 정서적 통찰경험을 하게 되고, 그 후 앞의 경험을 늘 의식하려는 노력을 하면서(훈습{薰習}과정) 질적인 행동변화가 오는 것이다.

일반적인 교육과정에서는 지적통찰에 초점을 맞추고 있고, 소집단 교육 또는 상담장면에서는 정서적 통찰에 우선적인 목표를 두고 있으나, 개인의 차이가 클 것으로 본다. 그 개인의 차이란 교육에 임할 시기의 참가자의 지적수준, 내적인 욕구, 방어적 자세, 수용하는 태도, 개인의 성격특성 등을 말한다. 개인차에 따라 결과는 달라질 수 있으나 전반적으로는 지적 통찰을 넘어선 후 정서적 통찰로 옮겨간다고 볼 수 있다.

2-2. 통찰수준의 분류

통찰수준을 좀 더 세부적으로 분류한 내용(Ellis, 1963, 1979: 정방자, 1984: 최경희, 1999)을 구체적으로 살펴보면 다음과 같다(표 7 참조).

첫째, 통찰수준 0 상태이다.

이 단계는 통찰을 위한 준비시기이다. 이 시점에서는 문제상황을 단순하게 설명하거나 혹은 외부의 탓으로 돌리고 있다. 그러면서 현재 나 자신이 '왜 이렇게 행동하는지 알 수 없다', '뭐가 잘못됐는지 찾아보았으면 좋겠다'는 식의 의구심을 가지는 단계이다. 즉 이 단계는 통찰수준으로 진입하지는 않았지만 문제에 대처하는 자신에 대해서 여러 가지로 의문점을 가지면서 생각해 보는 단계이다.

둘째, 통찰수준 1 상태이다.

이 단계는 문제의 원인(인과관계)에 대한 통찰을 시작하는 단계이다. 현재의 문제가 과거의 어떤 문제에 대한 결과이며 어떠한 영향을 받았는가, 또 그런 영향으로 인하여 어떤 문제가 야기되었는가에 관하여 깨닫는 단계이다. 즉 자신의 문제의 선행적 원인과 타인의 문제를 깨닫는 단계이다.

셋째, 통찰수준 2 상태이다.

이 단계는 전이관계에 대해 통찰 및 자기 스스로에 대해 수용하는 단계이다. 단순하게 원인과 그에 따른 영향을 생각하는 단계를 넘어서 구체적으로 현재의 감정이 누구의 어떤 감정에 의하여 전이된 것인가를 깨닫는다. 그와 아울러 자신 스스로의 감정이나 행동에 대하여 방어하지 않고 이해하고 받아들이는 경험이 가능하다. 즉 전이관계에 대한 자각과 자기에 대한 수용을 하기 시작하는 단계이다.

넷째, 통찰수준 3 상태이다.

이 단계는 스스로의 책임에 대한 자각을 하는 단계이다. 자신을 수용하고 난 뒤에 상대방에게 책임을 전가하지 않고 자기 스스로의 행동을 어떻게 책임질 것인가를 탐색하기 시작한다. 비록 객관적으로 외부의 상황에 문제가 있다고 할지라도 거부하지 않고, 주어진 상황에서 어떻게 이 문제를 처리해야 될지, 내가 할 일은 무엇인지를 고려하는 단계이다. 나 자신이 문제가 있어서 일을 처리하고 책임진다는 뜻이 아니고 외부의 상황은 변화되기 어려우니 내가 할 수 있는 일은 무엇인가에 초점을 맞춘다는 뜻이다. 즉 전이관계의 책임과 문제를 야기시키는 주원인이 자기 자신이라는 것을 자각하고 책임을 명확히 받아들이는 단계이다.

다섯째, 통찰수준 4 상태이다.

이 단계는 문제해결적인 태도를 가지는 단계이다. 책임을 받아들이고 나면 구체적으로 문제를 어떻게 해결해야 할지 스스로 혹은 타인의 도움을 받아서 상황을 처리하는 자세를 가진다. 즉 위의 4가지 수준의 통찰을 기반으로 하여 자신의 행동과 태도를 변경시키고자 문제해결적 태도가 나타나는 단계이다.

주요내용

하나, 통찰이란 무의식적이었던 정서적 요소들이 이해되고 의식되는 과정(아하-- 그렇구나, 이런 내 모습이 ××원인으로 ××방식으로 되었구나)으로 소위 말하는 '깨달음'이라는 것이다.

둘, 지적 통찰은 정서적인 통찰을 위한 필수 불가결한 단계임에는 틀림없으나 대인관계의 발전에 있어서 변화를 크게 기대할 수는 없다. 그러나 정서적인 통찰은 우리의 행동변화를 일으키는 질적인 도구가 되며, 인격 성숙을 위한 끊임없는 노력을 가능하게 해 주는 중요한 역할을 할 것이다.

<표 7> 통찰수준 분류

수 준	내 용
0	통찰을 위한 준비. 문제상황을 단순 설명하거나 혹은 외부의 탓으로 돌리면서 동시에 현재 자신의 상태에 대해 의구심을 가지는 단계이다.
1	문제의 원인(인과관계)에 대한 이해. 자신의 문제의 선행적 원인과 타인의 문제원인을 깨닫는 단계이다.
2	전이관계에 대한 통찰 및 자기에 대한 수용. 전이관계에 대한 자각과 자기에 대한 수용을 하기 시작하는 단계이다.
3	책임에 대한 자각. 전이관계의 책임과 문제를 야기시키는 주원인이 자기자신이라는 것을 자각하고 책임을 명확히 받아들이는 단계이다.
4	문제해결적 태도. 위의 4가지 수준의 통찰을 기반으로 하여 자신의 행동과 태도를 변경시키고자 문제해결적 태도가 나타나는 단계이다.

3. 자기탐색 사례

1. 과거는 동생에 대한 질투, 엄마에 대한 사랑의 경쟁심... 현재는 동서와의 경쟁심, 아들의 나에 대한 사랑의 갈구...

내가 동서와의 관계에서 마음에 늘 걸렸던 것이 이제 조금 깨달아진다.

약 몇 년 전 시집식구들과 부대끼며 살면서 나름대로 최선을 다하여 시부모님께 잘하고 친척들과 형제들에게 성실히 대하였다. 내가 생각하여도 이런 며느리가 없을 정도로 잘하였고, 남들도 놀라고 있었다. 그런데 모든 것이 나보다 못한 동서, 전혀 시부모께 어른 대접도 하지 않고 자기 마음 내키는 대로 하고 싶은 말 다하는 손아래 동서가 나랑 같은 대접을 받는다는 것이 너무 억울하게 느껴지면서 우울해지기 시작하였다. 더욱이 우리는 장남이고 집안의 중요한 문제는 다 우리가 떠맡는 등 나는 큰며느리 노릇을 잘 하여 왔기 때문에 화가 났었다. 솔직히 말하면 이 글을 쓰는 지금도 화가 조금 나려고 할 지경이다. 잘 참다가도 한번씩 생각이 나면 괴롭고 힘들었다. 나름대로 벗어나려고 여러 가지 노력도 하고 바쁘게 보내면서 편안하게 마음을 가지려고 애를 썼다. 욕심을 버려야지라고 생각도 하였다.

가만히 생각하여 보면 나는 평범하고 단란한 가정의 분위기 속에서 잘 살아왔다고 생각하였다. 그러나 억울하고 괜히 덜 대접받는다는 기분이 들기 시작하면서 연년생인 동생이 기억에 떠오르기 시작하였다. 이 동생을 둔 탓에 나는 태어나서부터 엄마 젖 대신 우유로 컸었다. 항상 언니니까 양보하고 동생을 잘 보살펴야 되었다. 위의 언니들이 있었지만 그들은 4살, 6살 터울이니 별 도움이 되지 않았다. 단지 내가 언니니까 양보하고 잘 보살펴야 된다는 생각이 강하였다. 큰언니는 특히 나를 예뻐하여 주고 인정해 주었던 기억이 난다. 그 언니가 나의 우상이었고 유대관계도 괜찮았던 것 같다.

아마도 그 우상인 언니와 같이 내가 동생에게 잘 해 주었던 것 같다.

특히 동생은 선 머슴애 같이 말괄량이 애였었는데 집안의 귀염을 독차지했다. 나는 착하고 여성스러움으로 동생보다 더 예쁜 옷도 입고 실제로 예뻤으나 동생은 남자다운 그 면으로 귀여움을 주위로부터 독차지하면서 나는 서서히 밀리기 시작하였다. 성장기 내내 내가 가진 감정은 밀리고 억울한 감정이었다. 가슴 한 구석에 항상 잠재했었던 것 같다. 유난히 엄마를 졸졸 따랐는데 아마도 내가 불안하고 관심을 받고 싶었던가 보다.

지금의 우리 애가 너무나 나를 따라다녀서 엄마인 나를 꼼짝달싹 못하게 하는 스타일이다. 아마도 나의 엄마에 대한 감정과 일치하지 않을까 생각한다. 애정이 충분히 오지 않을 때 더욱 더 그런 것을 보면 애정에 대한 갈구였었나 보다.

이 글을 쓰면서 생각하여 보니 동생은 커 가면서 얼굴도 어릴 때보다 더 예뻐지고 키도 커 사람들이 멋있다고들 말을 했는데, 나는 그 말을 들을 때 주체할 수 없이 화가 나고 질투가 났다. 심지어 동생이 큰 아파트를 구입하고 돈을 잘 버는 것도 심술이 났다. 동생 역시 나에 대한 묘한 경쟁심을 가지고 있다. 자신이 넘치고 예쁜데도 스스로 위축이 될 때를 본다. 우리는 상호 엄마에 대한 사랑의 경쟁심을 벌렸나 보다.

나는 그 과정에서 밀린다는 느낌과 억울함을 간직하고... 그것을 만회하고 엄마에게 인정받기 위하여 성실하고 착한 아이로 최선을 다해서 뭘 해 주었던 것 같다. 그것을 시집에 와서 하니 인정은 받았는데, 별로 노력을 하지 않는 동서도 비슷하게 인정받는 사실이 억울하게 된 것이다. 싫으면 싫다고 말할 수 있어야 하는데 어떤 이유에서건 무조건 참고 잘해주고 억울해 하는 나의 태도는 내가 책임져야 할 부분인 것 같다.

2. 아! 이것이구나

우리 가족은 외부에서 보면 행복해 보이는 가 보다. 간혹, 다른 사람들이 부러워하고 행복하겠다고 말하면 왠지 씁쓰레하고 부담스럽고 불안했다. 그렇다고 그렇지 않다고 말할 이유도 뚜렷하게는 없었다.

지금 돌이켜 생각해 보면 그 안에 불안의 요소들이 많이 꿈틀거리고 있었다.

나는 어릴 때부터 강한 할아버지(절대권 자, 어느 누구도 꼼짝 못하는 사람)에게 지배받고 박탈당하며 자랐다(그 내용은 다 설명할 수 없다. 그냥 최악의 상황으로 이해하면 된다). 나는 두려움이 많고 자신감이 없고 내면에서는 화가 많았다. 그러나 그런 감정들은 억압되어 평소에는 나오지 않다가 폭발적으로 한번씩 나왔다. 나의 이러한 아동기 감정 패턴(양식)은 현재의 온 가정을 휩쓸었다. 그 안에 상처받고 통제되어 자존감마저 무너진 우리 집 아이들을 생각하면 가슴이 너무 아프다. 지금 그 아이는 고 3이다 작은 아이는 중 2다. 큰 아이에게 훨씬 강하게 영향이 갔다.

남편은 어려웠던 가정환경 속에서 자랐으므로(그 내용은 생략) 나에게 끊임없이 의존하려 하였고, 기다고 바랬다. 나는 그 모습이 싫었다. 지금 생각해 보면 그 모습이 마치 친정아버지의 나약한 모습을 보는 것 같아 ('전이감정'이라고 배웠다). 나를 더욱 더 화나게 하였던 것 같다. 나는 남편을 많이 거부하였다. 한번씩 미안하고 기분이 아주 좋으면 잘해주기도 하지만, 대체로 못마땅하게 생각했다. 특히 남편은 내가 아이들을 조금만 꾸중하고 잔소리하면, 못 견뎌 하면서, 그 때마다 우리는 부부싸움을 했다. 부부싸움이 무척 잦았다. 딸아이는 자기 때문에 엄마와 아빠가 싸워서 죄책감을 느꼈다고 했다. 돌이켜보면 딸아이 때문이 아니라 남편과 나 사이의 정신역동(내면에 억압된 감정들이 지금도 영향을 미치는 감정 흐름들) 때문이었다.

나도 든든하고 여유로운 남자에게 사랑받고 싶었다. 남편 역시 내면의 의존심이 많아 나를 그렇게 해 줄 수 없는 사람이었다. 물론 살면서는 몰랐다. 남편의 그러한 의존심에 대한 힘겨움과 할아버지로부터 받은 박탈감은 끊임없이 딸을 거부하게 만들었고, 과잉통제하게끔 만들었다. 딸은 계속 힘들어하였고 불안하였다. 그런 모습도 제대로 몰랐다. 어떤 문제가(이것은 공개하기가 곤란하다) 발생하여 놀랬던 것이다.

나는 아이에게 진정한 사랑을 줄 줄 몰랐다. 따뜻한 사랑에 목말랐을 딸을 생각하면 울컥 목줄기로 올라오는 미안한 마음이 가슴을 저린다. 너무나 정말 너무나 미안하다. 그리고 이렇게라도 커 주어서 정말 고맙다.

우연한 기회에 부모교육에 참가하게 되었고, 나에 대한 통찰은 나를 미치게 만들었다. 아-- 그것이었구나. 모든 것은 부모 또는 주변인에게 받은 아동기 역동 때문이었구나. 아무리 많은 노력을 하여도 근본적인 문제진단이 되지 않고 무엇이 문제인지를 모른 채로 이리 뛰고 저리 뛰면서 노력하였는데... 바로 이것이 근본적인 문제의 핵이었구나. 분노와 원망 미움과 고통이 나를 부르르 떨게 만들었다. 40여년 넘는 세월, 나에게 덕지덕지 붙은... 이 끈질긴 분노들, 화, 좌절감들...

나의 내면의 때(習)를 벗기기 위해 나는 분연히 일어났다. 이대로는 안 된다. 죽이고 싶은 할아버지, 나의 자존심을 세워주지 못했던 어머니, 나약하고 초라하기 그지없었던 아버지, 모두모두가 싫었다. 마음속으로 너무나 미워하고 죽이고 싶었다. 죽이기도 했다. 옛날 같으면 생각조차 할 수 없는 마음이었다. 어른들을 공경하지 못하고 죽이고 싶은 마음을 품다니...감히... 언감생심... 중간 중간에 딸과 함께, 남편과 함께 가족상담과 개인상담을 받고, 1여 년 동안 부모교육을 접하면서, 나는 지금 어디에 서 있나를 생각해 본다.

나를 분노에 떨게 했던 할아버지와 아버지, 나쁜 남자들은 그냥 그대로, 빈껍데기로 덩그러니 남아 있다. 이젠 내 힘으로 그들을 맞이할 수 있게 되었다. 이해할 수 있게 되었다는 뜻이다. 억지로 억압하고 참으면서 그냥 이해하려는 것이 아니라. 진정으로 그들을 이해하고 사랑할 수 있게 되었다는 뜻이다. '정서적 분리'라는 개념을 이젠 조금 이해한다. 그들로부터 해방이 된 것이다.

잔잔하게 흐르는 슬픔이 있다. 그러나 이 슬픔이 싫지가 않다. 지금은 풀잎 끝에 달려있는 아침이슬이지만, 그 이슬이 냇물이 되고, 그 냇물이 강이 되어, 한낮의 뜨거운 햇살을 마음껏 받아들여 우리 가족에게 나의 딸에게 성숙된 사람으로 버티어 주리라 확신한다.

나는 지금 환희의 눈물을 흘리고 있다. 긴 터널을 빠져 나온 느낌이다.

아이는 이제 공부를 잘 한다. 객관적으로 보아도 성격이 명랑하고 잘 웃고 예쁘고 착하게 자라고 있다. 남편은 자신에 대하여 조금씩 이해하여 가는 사람으로 변했다. 교육도 받는다. 정말 감사한다. 상담이라는 것에...

제12장

과거로부터 자유로워진 모습

성숙한 대인관계란
의존적 사랑의 욕구로부터의 해방...

1.「성숙」의 정신역동

대인관계의 중심적 목표는 간단하게 보면 성숙한 인간 대 인간으로서의 만남이다. 성숙은 한 마디로 거의 완전히 정의될 수 있는데, 그 단어는 "책임"이다. 성인이 된다는 것, 성숙된 어른이 된다는 것은 자신과 타인에 대한 책임을 질 수 있다는 의미이며, 성인이 된다는 것은 성숙의 다른 본질적 요소인 홀로 된다는 감정을 내포한다. 여기서 홀로 된다는 것은 그 자신의 궁극적 결정을 혼자 감당한다는 의미와 거의 동일하다. 개인이 결정하여, 행하거나, 행하지 않은 것에 대한 전적인 책임을 궁극적으로 감당함에 있어서 성인은 혼자이다. 성인이 되기 위해서는 거의 대부분 홀로 서야 하며, 스스로 책임져야 한다. 그 보상은 매우 귀중한 것인데, 왜냐하면 이에 대한 보상은 해방감과 안정감이며 그 자신의 생활과 그에게 의지하고 있는 사람의 생활을 책임져 나갈 수 있다는 느낌이기 때문이다.

책임감이 문제가 되는 역동을 세 가지로 나누어 볼 수 있다.

첫째, 책임감, 독립심을 박탈시킨 역동.

둘째, 과도한 책임감을 지나치게 이른 나이에 강요되었던 역동.

셋째, 대상과의 지나친 경쟁, 그로인하여 무기력하게 만드는 역동.

그 구체적인 예를 살펴보자(Saul, 1979).

첫 번째 경우의 예를 들어보자. 30대 초반의 한 젊은 여성은 대학졸업 후 결혼도 할 수 없었고, 직장도 갖지 못했다. 그녀의 첫 기억은 자신이 몸이 아파서 방안에 갇혀 있고 창밖으로 아이들이 노는 것을 바라보는 장면이었다. 이 기억은 그녀의 전체 인생을 집약적으로 나타내 주고 있다. 그녀는 부모나이 40이 다 되어 태어난 외동이었고, 아동기 내내 병을 앓았다. 그녀의 부모는 지나치게 과잉보호적인 태도를 갖게 되었고, 그녀의 활동을 제한하였다. 조금만 날씨가 나빠도 부모들은 그녀를 밖에 나가지 못하게 했다. 그녀의 어머니는 참을성이 부족하였다. 그녀가 집안에서 아주 단순한 일이라도 한번 해보려고 하면, 어머니가 이런 일을 너무나 빨리 효율적으로 해치워 버리고 그녀가 이런 일을 하지 못하게 했기 때문에 결국 그녀는 노력하는 것을 포기하게 되었다. 성인이 되었을 때 그녀는 어떤 책임도 감당하기 싫어했고, 자신은 그런 일을 할 수 없다고 느꼈다. 그녀는 몇 번 직장에서 일을 해 보았지만, 이런 일들은 너무 어렵게 느껴졌다. 결국 그녀는 모든 일을 부모가 해주는 집에만 머무르게 되었다. 그녀는 열등감과 좌절감 때문에 도움 받고자 찾아왔다. 과잉보호와 방임에 대해 그녀가 몹시 분개하고 있음이 이내 밝혀졌으나, 분석의 도움 없이는 적절한 자립과 책임능력을 성취할 수 없었다.

두 번째 경우의 예를 들어보면, 여섯 남매 중 가장 맏이였던 소년은 여섯 살이 되기 전부터 어린 동생들을 돌보도록 강요받았고, 자라서는 아기보기, 신문배달, 그리고 나중에는 임시직과 잔디깎기로 돈을 벌어야 했다. 이와 같이 때 이른 갑작스런 책임 강요로 놀고 싶은 그의 욕구는 희생되었고, 어린 동생들에 대한 질투와 분노가 야기되었고, 그 결과 이십대가 되었을 때 그는 책임 맡는 것을 증오하고 회피하게 되었다. 그는 초기 알코올중독과 우울, 미래에 대한 불안 때문에 도움받으러 왔다.

세 번째 경우의 예는 이민(移民)가족의 아들이 주인공이다. 그에게는 나이가 세살 아래인 여동생이 있었는데 그의 어머니는 그를 편애하였다. 어머니는 그에게 헌신적이었고, 과잉보호적이었고, 그를 위해 모든 일을 해주었다. 그의 아버지는 노력가였고, 경제적으로 성공하였으나 아직도 외국식 말투를 쓰고 있었는데 그의 어머니는 자신이 보기에 아들이 아버지보다 월등하다는 점을 강조하곤 하였다. 그의 어머니는 아들이 집안의 챔피언이며, 그의 아버지와는 비교될 수 없을 정도의 명성과 재산을 얻게 될 것이라고 굳게 믿고 있었다. 과잉보호 속에서 아들은 책임지는 것을 싫어하면서 성장하였으나 성공에 대한 자기도취적인 강렬한 욕구를 갖게 되었다. 그는 자신이 아버지보다 잘났다는 자기도취적 충족감을 얻기 위해 일속에 파묻혔고 나중에 이러한 태도는 모든 경쟁자를 능가하려는 욕구로 전환되었다. 동시에 그는 편안히 쉴 수 없었는데 왜냐하면 그에게 있어서 휴식은 어머니에게 무가치한 존재였던, 그의 여동생처럼 된다는 것을 의미했기 때문이었다. 서른 살이 되면서 긴장이 너무나 심하게 되었고, 그는 정신을 잃을 것 같다는 두려움 때문에 분석받으러 왔다.

위와 같이 사례를 통하여 우리는 책임과 관련된 역동이 성숙한 한 인간으로서의 인생행로에 중요한 영향이 있음을 인식하게 된다. 어떤 상황이나 가족을 비롯한 타인에 대한 책임도 중요하지만, 자신에 대하여 책임진다는 것도 중요하다.

스스로 책임진다는 것은 정서적 독립을 의미한다. 한마디로 적절한 성숙과정은 아동기 정서양식으로부터 충분히 '벗어나는' 과정을 포함한다. 이렇게 아동기 정서로부터 충분히 벗어나서 '나'로서 홀연히 살고 있는 사람을 윤호균(1983)은 대아(大我)적인 사람이라고 표현하였고, 다음과 같은 특징을 가진 사람들을 성숙한 사람의 자세라고 하였다.

첫째 이해-온정의 태도이다. 대아적인 사람은 아량 있는 이해심과 분별 있는 정감을 가지고 사적 감정, 편견 등으로 물들지 않은 순수하고 청정한 인식을 할 수 있는 자세를 가지고 있다.

둘째 자존-자유의 태도이다. 이들의 특징은 자존감과 자유감을 가지고 있어 자기 자신에 대한 확고한 믿음과 이해에서 우러나오는 주체성을 가지고 있다. 배고프면 먹고 곤하면 잠자며, 스스로 겸손하되 감히 누구도 넘볼 수 없으며, 스스로 비굴하지도 않고 빼기지도 않는 상태인 것이다.

셋째 본질지향적인 인생목표 또는 인생관을 가진 태도이다. 이들의 인생목표는 본질적인 것, 근본적인 것을 지향한다는 뜻이다. 명예, 지위, 수입, 권력이라든지 남들의 평가나 의견들보다는 오히려 자기의 가치관, 능력, 소질이라든지 자기가 처한 사회적 여건 등을 파악하여 우선시하면서 자기의 인생관이나 생활관을 정립한다. 즉 자신의 자각을 토대로 자존(自尊)하는 자의 자유로써 자신의 삶을 선택하고 결정한다. 부버(Euber: 1950)가 말한 우리가 이 세상에 태어나게 된 그 독특한 의미를 과연 얼마나 성실하게 창조해 가는가이다.

넷째 행동의 적절성이다. 대아적인 사람들의 특징 중 하나는 그의 행동이 본질적이면서도 적절하다는 점이다. 그의 움직임과 머물고 '쉼'은 언제나 그의 인생관에 합당하며 그의 생활목표에 성실하다. 그것은 어떤 욕심, 편견, 감정에 치우친다든지 또는 외부로부터의 압력이나 유혹에 굴함이 없이 주어진 상황 속에서 그의 인생관이나 생활 목표에 충실하려는 끊임없는 인내이며 정진이다. 그렇다고 결코 지나치게 무리하거나 억지로 욕심을 부리지 않는다. 때로는 피나는 노력을 하기도 하며 때로는 한없는 관조와 정관(靜觀)으로 유유자적하는 여유를 보이기도 한다.

아마도 위와 같은 삶은 '하고 싶은 대로 하되 어긋나지 않음(從心所欲 不踰矩)' 또는 '억지로 애써 하는 것이 없으되 할 일을 다함(無爲而無不爲)' 또는 이사무애(理事無碍)하는 자유자재함 속에서 그려 볼 수 있을 것이다.

주요내용

하나, 소울(Saul, 1979)은 "성숙은 한마디로 거의 완전히 정의될 수 있는데, 그 단어는 책임이다"라고 하였다.

둘, 성인이 된다는 것은 성숙의 다른 본질적 요소인 홀로 된다는 감정을 내포한다.

셋, 적절한 성숙과정은 아동기 정서양식으로부터 충분히 '벗어나는' 과정을 거치면서 '나'로서 홀연히 살고 있는 것을 뜻한다. 즉 대아적인 사람이다.

2. 아동기 감정으로부터의 탈피

현실적으로 훌륭한 대인관계란 우리들의 많은 관심에도 불구하고 쉬운 일은 아니다. 그러나 훨씬 단순할 수도 있다. 앞서 언급하였듯이 정신역동적인 대인관계의 기본적인 핵심은 나와 상대방간의 좋은 감정(good feeling)이다. 이것은 기술적인 문제가 아니다. 즉 수용해야 하느냐 수용하지 말아야 하느냐의 문제가 아니며, 그에게 다가가야 하느냐 다가가지 말아야 하느냐의 문제도 아니라는 것이다. 중요한 것은 상호간에 좋은 감정이 오고 가느냐의 문제라고 본다.

정신역동적인 접근에서 특히 강조하는 것은, 출생부터 만 3세까지의 아이의 환경이 서로 사랑하고 존중하는 안정감 있는 가정이라면 그 아이는 아주 기본적인 정서적 안정과 정신건강의 기초가 형성되어 있다고 본다. 따라서 혹시 3세부터 6-7세까지 덜 이상적인 환경을 만나더라도 기본적인 자아의 힘이 그 환경을 이겨낼 수 있는 힘을 갖추게 될 것이라고 보는 것이다. 물론 6-7세까지의 전 기간 동안 부모와 주변 사람들과의 상호 좋은 감정을 유지한다면 훨씬 더 안정되고 강인하면서도 적응력 있는 성품의 기초가 될 것이며, 만약 이 같은 상황이 청소년기까지 계속된다면 그에게 아주 극단적인 문제(전쟁시의 체포, 고문, 범죄 등)가 닥치지 않는 한 그는 일생 동안 심한 정서적 문제없이 대인관계를 원만하게 할 수 있을 것이다. 또한 다소 힘든 시기를 거쳤다 하더라도 자신의 역동에 대한 객관적인 인식만 가진다면, 왜곡된 감정에 휘말린 양식을 건강한 방식으로 전환하게 될 것이다(Saul, 1977, 1979).

전체적으로 요약하면 '정신역동'에서 가장 기본적인 감정세력은 모성에 대한 아이의 의존성과 사랑에 대한 욕구이다. 이 욕구의 충족과 좌절은 개인마다 다양한 감정세력(정신역동)을 야기시키며, 그 중 중심세력을 핵심역동이라고 한다. 이 핵심적인 부분은 대체로 0-6세 사이에 형성된다고 본다. 개인이 자기 자신의 아동기 감정양식을 잘 알게 되면 개인생활에서 문제를 일으키는 행동이나 정서를 조절하고 해결하는 능력이 강화된다. 긍정적 부분 역시 제대로 이해하고 의연히 바라볼 수 있는 힘이 생겨, 자신의 재능과 소질을 더욱 더 발전시키는 힘이 생긴다. 이러한 종합적인 통찰은 자신에 대한 책임 감당

능력을 증가시킨다. 너 자신을 알라. 이는 건강하고 중요한 목표이며 성숙한 대인관계를 할 수 있게 되는 기본이 되는 것이다.

주요내용

하나, 정신역동적인 대인관계의 기본적인 핵심은 나와 상대방간의 좋은 감정(good feeling)이다.

둘, 한마디로 '정신역동'에서 가장 기본적인 감정세력은 모성에 대한 아이의 의존성과 사랑에 대한 욕구이다. 이 욕구의 충족과 좌절은 개인마다 다양한 감정세력(정신역동)을 야기시키며, 그 중 중심세력을 핵심역동이라고 한다.

3. 훈습의 중요성

성숙한 대인관계를 위한 지금까지의 노력은 사실상 훈습과정에서 그 열매를 맺는다. 뿌리깊은 무의식적 역동은 끊임없이 생활 속에서 반복될 수 있다. 자기분석을 통한 지속적인 의식화작업을 꾸준하게 할 수 있는 자세라면 이는 바로 자기수양의 자세가 되리라 본다. 의식화 작업으로 끝나는 것이 아니라 구체적인 행동으로 옮기기 위한 작업도 매우 중요하다. 알렉산더(Alexander, 1961)나 소울(Saul, 1979)은 이러한 과정을 '브골화(sequestration)' 과정이라 불렀는데 이는 골수염에서 감염된 뼈를 분리시키는 과정과 유사하다고 보았다. 즉 상담과정에서는 이렇게 진지하게 지적해 줄 수 있다. "당신자신은 아무런 잘못된 점이 없다. 당신은 갖추어야 할 모든 것을 갖추고 있다. 단지 당신은 이와 같은 아동기 양식의 흔적 때문에 방해받고 있으며 이는 건강하고 강한 근육 속에 있는 부골이 고통을 일으키고 근육의 활동을 억제하고 있는 경우처럼, 당신의 인격내의 이물질 같은 것이다. 당신을 억제하고 있는 것은 아동기 양식이다. 당신은 갖추어야 할 것을 이미 갖추고 있으며 탁월하다. 이와 같은 이물질, 이와 같은 아동기 양식의 부분이 수그러져야 하고 감소되어져야 한다."

보현행원품(普賢行原品)[1]에는 이런 말이 있다. '착한 사람들이여, 부처님의 공덕은 시방세계에 계시는 모든 부처님들이 무한한 세월동안 계속해서 말한다 하여도 다 말할 수 없다(善男子 如來功德 假使十方一切諸佛 經不可說不可說 佛刹極微塵數劫 相續演說不可窮盡).' 이것은 부처님의 수승한 공덕은 한량없다는 뜻으로, 불법(佛法)이 아무리 훌륭하고 또한 그것을 이해하고 있다 하더라도 너무나 광대하여 결국 일부만 알게될 뿐이라는 의미를 담고 있다. 다만 그것을 다

---

1) 보현행원품은 대승경전의 백미인 화엄경<대방광불화엄경(大方廣佛華嚴經)> 가운데 가장 널리 알려진 것으로서 본래 명칭은 <대방광불화엄경입부사의해탈경계보현행원품(大方廣佛華嚴經入不思議解脫境界普賢行願品)>이다. 화엄경은 부처님의 깨달으신 내용, 광대한 공덕을 설하고 있는 내용으로, 선재동자가 무상정각을 이루기로 발심하여 문수보살의 가르침으로 보리심을 발한 후 53선지식을 찾아 법을 묻고 배우는 구도역정의 마지막에 보현보살을 만나게 되고, 보살은 광대한 공덕을 성취할 방법을 말씀하시게 된다(최경희, 1999).

아는 것이 중요한 것이 아니라 하나의 행동이 없다면 그 모두는 공허한 것이 된다는 뜻을 함축하고 있다. 작은 실천의 중요성을 말하고 있다.

성경의 야고보서에도 '말씀을 실천하는 사람'이라는 글이 있다. '그저 듣기만 하여 자기 자신을 속이는 사람이 되지 말고, 말씀대로 실천하는 사람이 되십시오. 말씀을 듣고도 실천하지 않는 사람은 제 얼굴의 생김새를 비추어 보고도 물러나서는 곧 제 모습을 잊어버리고 마는 사람과 같습니다. 실천하는 사람은 하느님의 축복을 받을 것입니다'(1장 22절~25절 중 일부). '영혼 없는 몸이 죽은 것 같이 행함이 없는 믿음은 죽은 것이니라'(2장 26절).

이러한 내용은 행동이 없는 믿음은 죽은 믿음과 같은 것이라고 표현하고 있는 것이다. 진정한 믿음은 자신과 타인을 구원할 수 있는 힘을 갖고 있는데, 진정한 믿음이란 바로 행하는 믿음을 의미하고 있다.

즉 무의식적으로 작용하는 자신의 행동을 탐색하여 의식화시키는 것이 전부가 아니라 꾸준하고 실질적인 행동변화를 위하여 끊임없이 훈습하여야 한다는 뜻이다. 그러한 노력이 이루어지지 않으면 다시 과거의 역동으로 되돌아가서 모든 것이 공허해 질 수 있다는 것을 의미한다.

뿌리깊고 강렬한 무의식적 역동을 정확하게 간파하고 그에 휘둘리지 않으려면, 그에 대응할 수 있는 강력한 의식층의 힘도 필요하다. 그 무의식의 힘은 스스로도(?) 살아남기 위하여 너무도 깊고 강렬하게 물러나기가 어렵다는 듯이 우리 내부에 도사리고 있다. 그러므로 아마도 우리는 그 '습(習)'을 타파하기 위해서는 억압된 감정의 깊이만큼 노력을 행하지 않으면 안될 것이다. 훈습활동은 각자가 처해있는 상태에서 여러 형태로 가능하다. 예컨대 지속적인 자기분석, 개인치료, 집단상담, 명상 또는 묵상, 교육, 뜻있는 사람들과의 모임 등 훈습을 위한 활동은 다양하다. 앞으로 깨달은 무의식을 타파하기 위한 의식층의 힘에 관한 구체적인 내용은 다른 지면을 통하여 만날 수 있게 되기를 기대한다. 필자는 가끔 이러한 글귀가 떠오를 때면 의식층의 힘이 조금 더 열리는 듯하여 소개하면서 마무리할까 한다.

* 부분(部分)에 집착(執着)하면 전체(全體)를 잃는다.

* 참으로 궁극적인 가치(價値)에 뜻을 두어야 갈증(渴症)이 없어진다.
* 특별함을 내려놓으면 특별해진다.
* "아, 여인아 네 믿음이 너의 자식을 낫게 했다."
* 자아(自我)는 채움을 먹고 살고, 무아(無我)는 비움을 먹고 산다.
* 모든 대상을 통해, 지혜(知慧)를 얻는다.
* 진리(眞理)가 너희를 자유롭게 하리라.
* 바로 지금-이 순간, 나는 무엇을 하고 있는가!

주요내용

하나, 뿌리깊고 강렬한 무의식적 역동을 정확하게 간파하고 그에 휘둘리지 않으려면, 그에 대응할 수 있는 강력한 의식층의 힘도 필요하다.

둘, 그 '습(習)'을 타파하기 위해서는 억압된 감정의 깊이만큼 노력을 행하지 않으면 안될 것이다.

* 뒷 페이지 「과거와 다른 현재의 나」를 강의자의 지시에 따라 직접 실습해 보고 토론해 보자.

4. 과거와 다른 현재의 나

*실행: 자칫 정신역동적인 방법이 과거를 들여다보는 작업이라 하여, 과거에 얽매여 있다고 보기 쉽다. 그러나 성숙하지 못한 자아상태였던 과거의 나와 성숙한 자아상태인 현재의 나는 엄연히 다른데도 불구하고 많은 사람들은 살기는 현재에 살면서, 내부적으로는 과거에 살고 있는 경우가 많다. 따라서 현재의 나를 바로 알기 위해 과거를 분석하면서 나를 들여다보는 교육은 진정한 현재의 나로서 살기 위한 작업인 것이다.

1. 「과거의 나」를 그림이나 글로 표현해 보자.

2. 「현재의 나」를 그림이나 글로 표현해 보자.

5. 자기탐색 사례

1. 진정한 본래의 '나'를 찾기 위한 작업들

나의 내면세계에 있는 감정들을 따로 분리하여 분석하고 서로의 연결고리를 확인하는 작업은 생전 처음의 경험이었다. 이러한 분석(주로 전이감정의 분석)과정이 진행되면 될수록 지금의 나의 모습은 진정한 본래의 '나'가 아닌 타인에 의해 덧입혀지고, 조종되어지는 '나'이었다는 허탈감을 느낀다. 나는 지금까지 무언가 잘못된 느낌에 의하여 나도 모르게 조정되어졌으며, 그것이 나의 전부인 것으로 생각하고 늘 그것에 충실하려고 애써왔던 것 같다. 무언가 속아 산 기분이다.

지금까지의 감정이 어려서부터의 핵심 전이감정들(핵심역동)과 연결이 되어 나의 주변의 모든 사람들, 특히 아이들, 남편, 직장동료, 부모, 형제들에게 많은 부정적, 긍정적 영향들을 주고받았구나 싶어서 '어처구니없다', '그렇다면 앞으로는 어떻게 해야 되나?' 등등의 착잡한 심정이 된다. 마치 젖뗀 아이의 심정이라고 할까, 나의 본연의 모습은 어떤 것일까 궁금해진다. 현재 나에게 끊임없이 올라오고 있는 감정들이 언젠가는 평온해지고 본연의 나의 것(감정)들이 솟아오르는 것인가 하는 의문이 생기며 그렇다면 그것은 어떤 것일까 궁금해진다. 아직은 나의 핵심역동인 "외로움", "사람에 대한 불신", "두려움", "좀 더 가치 있는 존재이고 싶다"는 감정들에서 벗어나지 못하고 이것들을 위하여 오늘 하루를 계획하고 있는 나의 모습을 보고 있다. 혹시 마지막 날까지 벗어날 수 없는 것은 아닐지... 집단 훈련을 진행하면서 모든 사람 속에 '내'가 들어있는 것을 보았다. 놀랍게도 나와 같은 생각을 하고 내가 하고 싶은 말을 다른 사람들이 하고 있다. 이제까지는 타인과 다른 '나'라고 생각했는데 그게 아닌 것 같다. 우리는 서로 매우 닮은 것 같다. 그리고 같은 고통 속에 있다는 느낌이 들고 연민이 느껴진다.

나는 할머니, 어머니로부터의 어린 시절 상처 때문에 결혼생활 이전까지 혼자 울면서 괴로워했고, 그 흔적은 이 교육을 받고 나서야 분명하게 규명되고 확인되었다. 너무 늦게 알았고, 헛된 시간과 에너지를 소비한 것 같다. 이제는 함부로 느끼지 말고 말하지 말며, 행동하지 않으면 좋겠다. 헛된 것에 휩쓸리지 않으면 좋겠다. 참된 것을 내 안에서 발견하고 싶고, 그것을 키워 나가고 싶다. 참으로 사람들을 사랑하고, 나에게 주어진 모든 것들을 사랑할 수 있으면 좋겠다.

'사랑' 이것이 우리 인간의 참된 모습인가? 나는 나도 모르게 이것이 내 안에 힘껏 피어나야 하는 것이 아닐까 하는 생각을 하고 있다. 왠지, 실컷 울고 싶다...

감사합니다. 저의 인생의 전환점이 생길 수도 있을 것 같은 기분입니다.

2. '안다'라는 수준에서 진정한 '이해'의 수준으로...

정신역동적 대인관계훈련을 처음 시작했을 때 뭔가 새로운 것을 배울 수 있다는 기대감과 나 자신을 탐색해서 아직도 걸리는 대인관계를 개선하고 싶다는 마음과 '잘해야지'라는 의지가 참 강했었다. 매 회가 지나면서 현재 나의 대인관계 패턴과 주요대상과 정서적 관계를 파악하면서 나의 아동기 감정양식을 구체적인 사건을 예를 들어야 하는 것이 나에겐 많은 에너지를 요구하는 일이었다. 처음에는 의욕이 넘치다가 점점 그것에 매력을 못 느끼고 다른 것을 찾는 나의 역동 때문인지 이 프로그램에도 2회기 정도 의무감으로 참석할 때가 있었다. 선생님의 수업과 사람들과의 만남은 즐거웠으나 내 자신을 구체적으로 탐색하는 것, 특히 아동기 감정양식을 찾기 위해 과거경험을 나열하는 과정은 나에게 좌절감을 느끼게 하는 작업이었다. 좋았던 경험, 성취했던 경험보다는 좌절과 괴로운 기억이 훨씬 많은 나에겐 과거의 경험을 회상하는 시간이 힘들었다. 이러한 작업을 회피할 수밖에 없었던 나를 이해하기 시작하였던 계기도 되었다. 그리고 나는 왜 이럴까라는 생각보다는 과연 상담자로서 이렇게 문제 있던 사람이 어떻게... 라는 좌절감이 더 날 무겁게 짓눌러 기분이 조금은 우울했었다.

하지만 매 회기가 지날 때마다 나름대로 나 자신을 분석했던 것들이 좀 더 명료하게 다가와 "안다"라는 수준에서 "이해"의 수준까지 생각할 정도로 나 자신을 객관적으로 파악할 수 있게 되었다. 부모와 나와의 관계와 친척들과의 관계 속에서 만들어진 나의 역동을 애매모호하게 알고 그것으로 만족했던 자신이 아니라 행동으로 옮길 수 있는 나로 일어날 수 있는 기본적인 틀이 마련된 것 같다. 구체적인 행동으로 옮기고 그것이 완전한 내것이 되기까진 끊임없는 탐색과 자기노력이 필요하겠지만 그래도 한발짝 나아간다는 기대감과 앞으로 살아갈 날이 더 많고 노력해야 할 일이 더 많다는 책임감으로 대인관계 훈련의 경험을 지속해 나갈 것이다.

부록
훈습을 위한 제언

1. 자기이해, 그리고 아픔

2. 왜 '정신역동적 집단상담' 경험이 필요한가!

3. 우울신경증 내담자의 대상관계

1. 자기이해, 그리고 아픔

-최경희(2002). '隨順', 동방심리상담연구소 발행, 3권 2호에서 -

'자기이해'라는 이름으로 자신을 직면하는 일은 환희와 기쁨도 있지만 아픔과 고통을 수반하기도 한다.

어떤 사람들은 '자신을 제대로 이해한다'는 의미 자체를 잘 모른다. 또 다른 경우의 사람들은 자기이해가 가져다주는 '성장'이 있다는 것을 알지만 피하고 살기를 원한다. 인간내면에 대한 호기심이 있고 진리에 대한 갈구를 가진 사람은 자기 이해를 간절히 원하기도 하지만, 예상외로 많은 사람들은 '자기이해'라는 것에 대해 관심이 부족하다.

한 개인이 가진 장점은 너무나 많다. 우리가 인간과의 관계가 가능하고 일을 할 수 있는 기본적인 성품이 갖춰져 있다면 사실상 살아가는 데는 문제가 없다. 그러나 때때로 우리는 내면에 건강한 부분이 많은 데도 불구하고 작은 심리적 부분이 자신의 가족관계 및 사회생활에 마이너스를 안겨주는 경우는 흔하다. 예컨대, 우리가 가진 능력이 충분히 발휘되지 않고, 인격이 손상되고, 존재가 무시당하고, 인간관계가 원활하지 못하고, 소외당하고, 외로움을 느끼고, 삶이 허전하고, 심기가 불안하여 일을 제대로 처리하지 못하고, 경제적인 부분이 더욱 더 활성화되지 못하고... ... 등등의 문제점이 있을 수 있다. 이런 경우 우리는 자기를 바르게 진단하는 차원에서라도 자기이해를 위한 노력이 필요하다. 건강한 부분을 더욱 더 건강하게 지켜가기 위한 노력이라는 뜻이다.

외부로부터 충격이나 어려움이 닥쳤을 경우에, 자신에 대한 이해가 부족하거나 없는 사람은 상황에 대처하는 힘이 약하고 부적절하기 쉽다. 그러나 자기이해가 잘 되어 있는 사람은 마치 저축해 놓은 것 마냥 별로 큰 문제없이 어려운 상황을 잘 극복해 나가는 지혜가 누적되어 있다. 그런 지혜로움은 인격이 성숙하다는 개념과 동일하다.

심리적 문제점을 발견하는 그 첫 출발은 '자기이해'이다. 소크라테스의 '너 자신을 알라'는 고금동서를 막론하고 영원한 진리이다. 자기를 바르게 이해하고, 그 다음 그것을 받아들여야 하는 작업이 필요하다.

'받아들인다'는 의미는 '자기수용'을 말한다. '자기이해'의 내용을 수용한 후, '왜곡된 부분의 수정'이 그 다음단계이다. 심리관련 전공자들은 '자기이해'의 작업을 하기 위하여 수많은 시간과 비용을 투자한다. 많은 노력을 요하는 이유는 '자기이해'의 과정이 고통스럽고 인정하기 싫은 아픔이 올라오면서 동시에 그것이 꼭 필요하다는 것도 알기 때문이다. 무의식에서 이루어지는 부분이 많아서 내치고 싶고, 아예 모르고 살고 싶은 욕구가 샘솟는다.

흔히 사람들은 타인을 배려하고 이해하여야 한다고들 한다. 그것은 놀랍게도 혼자의 생각이고 말뿐이지, 정작 그 사람의 행위는 타인을 이해하고 배려하는 것이 아닐 경우가 많다. 자기욕구 충족의 대상으로서 상대를 이용(?)한다. 그 상대는 자녀가 될 수도 있고, 배우자가 될 수도 있고, 인간관계 속의 어떤 인물이 될 수도 있다. 그 관계는 언젠가는 삐거덕거리는 소리를 낸다. 상대에게 무엇인가를 요구하고 있으니까.

타인에 대한 배려가 진정하게 '타인'을 위한 것인지, 자기를 위한 것인지를 제대로 직시하는 것은 자신을 먼저 이해하는 것부터 시작된다.

자기이해의 폭과 타인이해의 폭은 비례된다. 자신을 알면 세상을 아는 것이라고 한다. 자신의 의식 혹은 무의식 수준을 하나하나 알아간다는 것은, '자기'라고 불리는 스스로를 깊이 느껴가고 있다는 뜻이다. 그 과정에서는 꿈에라도 보기 싫은 부분도 있으며, 놀랍도록 보석같은 부분도 있다. 아프고 상처나고 괴로움이 다시 초래하는 부분도 있다. 덮어버리고 살면 훨씬 좋은 것도 있다. 문제는 그 영향이요 증상이다. 그 영향과 증상을 최소화시키고, 타인에게 진심으로 도움되는 인생을 살기 위해 필수적으로 자신을 이해하자는 뜻이다. 그 이해의 바탕 하에 자신을 받아들이고 고칠 것은 고쳐서 살아가면 좋은 것이다.

가족관계에서 서로에 대한 피드백은 어느 누구로부터 듣는 내용보다도 '자기이해'의 폭을 넓힐 수 있는 중요한 이야기가 많다. 누구보다도 가까이에서 꾸밈없이 자신을 드러내는 사람이 바르 가족이기 때문이다. 그래서 가족 중 누군가가 나에게 하는 말은 매우 중요하다. 자기이해를 하는데 가장 크게 도움이 되는 말이다. 때로는 쓴 약이 될 수도 있다. 서로가 의지하고 있으므로 자기욕구가 많이 점철되어 있다는 측면에서 부적절한 피드백도 많겠지만, 비교적 건강한 사람들이라면 다소 서로의 욕구가 내재되어 있다 할지라도 그 피드백은 가장 값진 내용이 될 수도 있다.

'자기이해'의 목적은 '이해' 그 자체가 되어서는 안 되며, 그 이해를 바탕으로 한 자기극복의 의지, 성숙한 인간으로서의 발돋움에 있는 것이다. 아프면서도 짚고 가야 할 인생의 과제가 바로 '자기이해'이다.

나는 인간이 살아가면서 마지막쯤에는 인생의 행복을 위하여 꼭 해야 되는 일이 '자기를 알아 가는 작업' '자기에게로의 여행'이라고 생각한다. 이런 노력들은 틀림없이 우리를 정신적으로 풍요롭게 만들고, 따뜻하게 대화하게 만들고, 서로를 깊이 사랑하게 만들 것으로 본다.

2. 왜 '정신역동적 집단상담 (Psychodynamic Group-Counseling: PGC)' 경험이 필요한가!

-최경희(2003). '隨順', 동방심리상담연구소 발행, 4권 1호에서 -

흔히 우리는 '여기-지금(Here & Now)'의 중요성을 강조하고, 그 중요성의 이유를 알고 있다. 그토록 강조하는 '여기-지금'이 과연 얼마만큼 순수하게 비례적으로 현량(現量)대로 있는 그대로 '여기-지금'에 머물고 있는 것인가를 생각해 볼 때, 차라리 지금 여기에 머물지 못하게 하는 요인을 제대로 바라보고 왜곡된 것을 수정해 나가는 작업이 더 진솔하고 정직하지 않을까 여겨진다.

우리의 행동 사고 감정에는 역사가 있다. 한 개인의 역사는 나는 누구이며 타인은 어떤 존재인가에 대한 뜻깊은 의미를 제공한다. 현재에도 생생하게 살아있는 역사, 즉 과거 그 자체를 위하여 과거를 보는 것이 아니라, 현재를 가장 현재답게 살기 위하여 과거를 바라보는 작업이 필요하다. 과거 역사를 통하여 현재를 정확히 진단하고 미래를 창출하는 디딤돌로 삼는다는 의미로 해석될 수도 있다.

정신역동적 상담 및 심리치료 분야는 한 개인의 과거의 역사를 통하여 현재의 문제를 타개하려고 노력하는, 프로이드에 의해서 개척된 정신분석적 전통에서 발전하였다. 한 인간의 무의식은 튼튼한 자아가 형성하기 이전의 어린 시기에 주로 강력하게 형성된다. 대체로 그 시기를 0세부터 6세라고 보지만, 각 학파에 따라서 0-1세, 0-3세, 0-6세 등등 강조되는 양상은 약간씩 달리한다.

과거 그 때 그 당시의 특정대상이나 사건에 대한 심리적 반응을 누구나 가지고 있다. 억압된 강도에 따라서 그 현상은 달라지겠지만, 과거의 내적 동기나 요인이 현재에까지 작용한다는 사실은 동일하다. 그렇게 작용된 심리적 반응을 전이반응이라고 하며, 그 감정이 치료자에게 연결되는 것은 전이감정이라고 한다. 그로 인한 각종 심리적 갈등을 총체적으로 전이갈등이라고 할 수 있다. 엄밀하게 말하면 대인관계를 이해한다는 것은 상대방에 대해 느끼는 전이갈등을 분석하고 이해하고 책임져나가는 과정이라도 해도 과언이 아니다.

특히 집단상담 장면에서의 전이갈등은 바로 우리의 모든 인간관계의 갈등의 축소판이다. 따라서 전이갈등의 해결을 경험한다는 의미는 가족 내의 갈등을 비롯한 여타 인간관계 갈등의 해결을 의미하며, 심리적 제반 문제를 통찰하고 책임져나가고 해결해 나가는 발판을 마련한다는 뜻이다.

지금까지, 각종 심리적 양상이 만들어낸 문제점을 작업하는 장으로 많이 활용된 것은 주로 개인상담 및 심리치료 장면이었으며, 아울러 '집단상담' 혹은 '집단 정신치료' 라는 이름으로 대학에서 병원에서 연구소에서 기타 상담 단체에서 작업되어져 왔다. '집단'의 종류도 다양하며 'T-group' '감수성훈련' '자기성장' '자아개념' '자존감 향상' 등의 머리글로 앞세운 이름이 다양하다. 정신역동적 집단상담(실제로는 집단심리치료)은 이 모든 것을 포괄하고 있다.

즉 정신역동적 집단상담(PGC) 장면에서의 전이갈등의 검토는 일반 모든 사회적 관계에서 발생하는 심리적 문제를 예견하고 점검하고 분석하고 진단하여 해결하는 방법을 모색하는 방편으로서 활용할 수 있다.

구체적으로 언급해 보자.

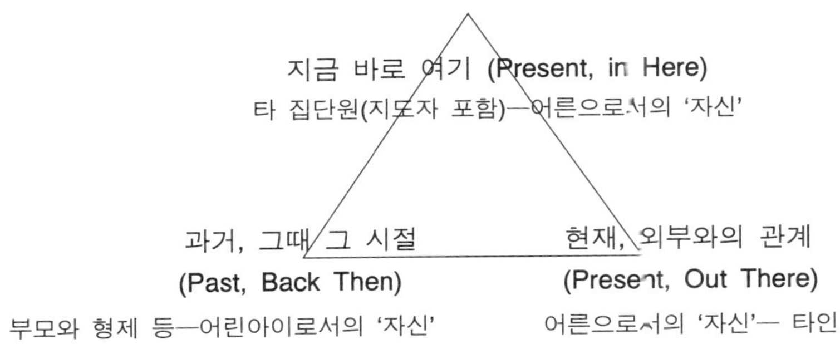

[그림 1] PGC장면에서의 전이갈등의 세 축
(The Triangle of Transference Conflict in PGC)

그림에서 나타난 '지금 바로 여기(Present, in Here)' 축은 바로 집단상담 장면에서 발생하는 상황을 말한다. 즉 PGC 장면에서 현재 어른으로서의 '자신'이 다른 집단원(지도자를 포함)에게 느끼는 정서와 그에 따른 사고나 행동을 의미한다. 만약 그 정서가 표출되든 표출되지 않든 다른 참가자와 비례적으로 느껴지지 않고 자신의 내부의 무의식적으로 억압된 욕구나 동기가 자극된다면, 소위 말하는 '전이갈등'이 발생되기 시작된 것이다.

그림의 아래쪽 왼편의 축은 '과거, 그때 그 시절(Past, Back Then)' 영역이다. 과거의 부모와 자녀로서의 '자신'과의 관계에서, 혹은 형제나 주변 인물들과 그 때의 '자신'의 관계에서 발생된 정서가 반복되는 부분을 뜻한다. '지금 바로 여기'의 장면에서 발생하는 다른 참가자에 대한 느낌이 바로 '부모'와 관계에서 느꼈던 그 정서를 자극시키고 그 정서로 인한 과거의 대처방식을 바로 이 장면에 행해지는 관련성을 가지는 것이다. 즉, 표면적인 현상은 '지금 바로 여기'이지만, 사실상의 현상은 '과거, 그때 그 시절'인 것이다.

그림의 아래쪽 오른편의 축은 '현재, 외부와의 관계(Present, Out There)' 영역이다. 성인으로서의 '자신'과 다른 사람들과의 관계방식이 PGC 장면에서 어떻게 표출되는가의 문제를 뜻한다. PGC 장면에서 발생하는 '지금 바로 여기'의 참가자와의 관계방식을 통해서 '현재, 외부와의 관계'를 충분히 추론할 수 있고 예측할 수 있을 뿐만 아니라, '과거, 그때 그 시절'의 관계방식을 '현재, 외부와의 관계'에서도 반복해서 조건화되어 사용되리라는 것을 충분히 예측할 수 있다.

이 세 축은 상호 깊은 관련성을 가지고 있다는 것은 두말할 나위 없다. 집단구성원에 따라서 '현재, 외부와의 관계'를 먼저 제시하면서 다른 두 축을 연결시킬 수도 있고, '지금 바로 여기'에서의 장면을 통해서 다른 두 축을 분석 예상 할 수도 있으며, '과거, 그때 그 시절'을 연상함으로써 다른 두 축을 예측할 수도 있다. 어느 한 축을 제시하든 결국 그 정신역동은 상호 관련성을 지니고 있다. 개인상담의 장면에서는 주로 치료자와 내담자와의 관계에서만 이루어지지만, PGC 장면에서는 다른 모든 구성원이 자신의 어린 시절 부 혹은 모 혹은 형제 중 누구누구 등등으로 표상화되므로 그 전이갈등의 조장은 훨씬 자유롭고 표면화될 가능성이 높다. PGC 장면 내에서의 전이갈등은 바로 가족 내의 갈등이며, 사회 조직 내의 갈등이며, 기타 모든 인간관계의 갈등이다. 궁극적으로는 자기 내부의 각종 정신기능의 갈등이라고 볼 수 있다.

따라서 PGC 경험은 개인에 따라 차이가 있겠지만 대충 아래의 목표에 접근할 수 있다. 아주 큰 목표는 증상제거나 성격변화의 수준까지일 수도 있으며, 또 어떤 사람은 누구나 있을 수 있는 보통 기능수준으로 살아가고자 하는 적당한 심리사회적 기능 수준도 있을 수 있다. 대체로, 인간관계 갈등 해소(예, 부부, 부모-자녀관계, 직장 대인관계), 대인관계 기술습득, 자신감향상, 불안조절, 분노조절, 두려움감소 등의 심리적 안정, 사회화 학습, 교육적 효과 등을 기대한다.

3. 우울신경증 내담자의 대상관계

-정방자(1980), 우울신경증 내담자의 심리적 특성과 상담전략, 영남대학교 학생생활연구소, **학생연구** 제11권 1호에서-

우울증이 양가감정(ambivalent feeling)으로 대하던 애정대상을 상실함으로써 원래 그 대상에게 향했던 미움과 적개심이 자기자신에게 향하게 되어 발생한다는 것은 이미 앞에서도 언급했다. 물론 대상을 상실하였다고 모두 우울증에 걸리는 것은 아니다. 이것은 우울증세가 나타나기 전의 병전성격과 깊은 관계가 있다고 정신분석학자들은 설명한다. 즉 우울한 사람들의 병전성격은 구강탐욕(oral greed)이 정상인에게서 볼 수 있는 것보다 그 정도가 더 심하다. 이들은 구강의존기에 고착되어서 어른이 되어서도 계속 어린아이같이 외부로부터 사랑과 자기애적 공급을 받고자 애쓴다. 또 만능감에 젖어 있어서 주위로부터 인정과 칭찬만을 받기 원한다. 이러한 사람이 대상의 상실로 그와 같은 의존요구를 충족하지 못하면 성격의 일부가 퇴행하여 우울증이 발생하기 쉽다. 의존대상은 사랑하는 사람일 수도 있고 권력, 명성, 재산, 아름다움일 수도 있다. 권력, 명성, 재산 등의 대상은 이것을 통해서 타인에게 사랑받고 보호받으려는 무의식적 요구를 상징하고 있기 때문에 이러한 대상의 상실은 바로 무가치감과 자기비하감을 촉발시키는 중요한 요인이 된다고 Cameron (1976)은 피력하고 있다. 이동식(1974)은 우울증 환자의 대상관계 유형은 그 대상이 사람이든 사물이든 또는 기타 어떤 것이든 간에 그것에 매달리는(clinging) 정도가 병적으로 심한 것이 특색이라고 주장한다.

의존대상이 사람인 경우에는 그에게서 애정과 정서적 지지를 갈망하면서 매달린다. 따라서 이렇게 열망하는 대상을 상실한다는 것은 치명적인 심리적 타격이 될 수밖에 없다. 대상 상실의 형태는 사랑하는 사람의 사망이나 이별일 수도 있고 그들에게서 거부 또는 인정받지 못할 것이라는 기대감 때문에 오는 심리적인 상실일 수도 있다. 즉 상실이 실제 일어날 수도 있고 예상해서 심리적으로 올 수도 있다. 이와 같이 대상을 상실하거나 상실할지 모르는 상황에 처하게 되면 내담자는 자기의 의존요구가 좌절되므로 무력감을 느끼게 되고 그렇게 되면 이 무력감 때문에 내담자는 더욱 더 그 대상에 의존하게 된다고 Dewald (1969)는 설명한다. 물론 모든 상실이 전부 우울로 이끌지는 않는다. 상실을 느끼게 되는 데는 그 대상이 자기에게 중요한 인물이어야 함과 동시에 환자의 심리적 기능 속에 우울증에 걸리기 쉬운 속성을 갖고 있을 필요가 있다.

우울증에서의 애증관계는 강박증에서 볼 수 있는 바와 같이 매우 원시적인데 이들은 자기가 사랑받고자 하는 대상이 자기에게서 멀어져 갈 때 애증의 양가감정을 갖는다. 즉 한편에선 자기를 버려 둔 대상에 대하여 강한 분노와 미움의 감정을 갖고 있으며, 동시에 또 다른 한편에선 그 대상을 자기 내부에 내사화(introjection)하고 동일시(identification)하여 의존하면서 이 두 가지 감정 사이에서 심한 갈등을 일으킨다고 Cameron(1976), Dewald (1969) 등은 설명한다. 내담자들은 약화된 자존감을 보충하기 위해서 그것을 지지해줄 새로운 대상을 찾으려 한다. 이것이 우울증 내담자로 하여금 대상에 절대적으로 매달리게 만드는 중요한 원인이라 풀이할 수 있다. 매달려야 하는 절박감 때문에 이들은 증오심과 미움을 상대방에게 공격하지 못하고 거꾸로 그러한 감정을 갖게 된 자신을 향하여 내공한다. 이 결과 발생한 자학적인 고통이 죄책감과 우울이다. Cameron은 자기비하, 낙담, 절망 등은 바로 죄책감의 소산이며 따라서 이들에게는 자기가 자신의 최악의 적이 되는 셈이라고 언급한다.

우울증으로 고통받는 사람들은 타인에게서 사랑과 지지를 받고자 갈망하면서도 그 사랑에 대해 정당한 보상을 베풀지 못하고 관계를 강화할 방법을 탐색할 수가 없다. 이들은 받는 데만 급급하여 '주고-받는(give and take)' 건전한 방법을 모르는 것 같다. 때로는 능동적으로 친구나 동료를 찾기도 하지만 일방적으로 요구하고 매달리며 자기집착에 빠지기 때문에 오히려 그들을 멀리하게 되는 경우가 많다. 이들은 거절당할까 두려워서 상대방의 호감을 얻기 위한 부당한 노력을 경주하기 쉽다. 상대에게 필요 이상의 선물을 한다거나 친절을 베푼다거나 우연히 알게 된 사람의 생일을 기억하는 등 얼핏 보기에는 남을 위해 일을 많이 하고 좋은 대상관계를 갖고 있는 것처럼 느껴지는 행동도 보인다. 그가 보이는 행위는 진정한 따뜻함과 우정에서 나왔다기보다는 자기희생적이고 필사적인 의존적 노력에서 나온 것이 많다. 이렇게 관계를 조작함으로써 상대에게서 많은 관심과 애정을 짜내려 하는 것 같다. 비슷한 유형의 행동을 강박증에서도 볼 수 있는데, 강박증과 우울증은 둘 다 그들의 공격성을 숨기고 타인의 호의를 얻고자 관심을 두는 데 양자의 공통성이 있다. 상대방에게 필요 이상으로 주의를 끌고 돋보이고자 하는 바로 그 행동 때문에 상대를 부담스럽게 만들고 당황하게 하여 그들로 하여금 자기 곁을 떠나게 만든다.

초기나 가벼운 우울 상태에서는 사회적인 활동이 증가하기도 하는데 이는 자기의 고통을 완화하기 위해서 적극적으로 상대방을 탐색하기 때문이라 풀이된다. 인정받고 수용받고자 하는 동기 때문에 이들은 오히려 믿음직하고 신뢰로우며 때로는 매우 용기 있고 진취적일 수도 있다. 그러나 일반적으로 상대의 호감을 얻기 위해 자신의 흥미와 욕망을 상대의 그것에 종속시킨다. 이러한 사실은 본인에게 불쾌감을 느끼게 하고 때로는 분노와 질투의 감정을 생기게 하지만 그 감정을 표현할 수가 없다. 따라서 이들은 애증의 변화가 심하고 자신의 요구가 유아적이고 비현실적이어서 현실대상에서 이루기가 불가능하다는 것을 깨닫지 못한다. 한 대상에게 실망하면 또 다른 대상으로 전전하면서 끝없이 헤매고 여기에 집착한다. 이들의 요구적이고 종속적인 관계는 상대를 욕구충족의 대상으로 삼고자 하기 때문에 결코 건전한 관계로 나가지 못하는 것 같다.

우울증이 더욱 심해지면 이러한 노력마저도 중단하고 자신 속으로 더욱

철수해버리기 쉽다. 타인의 짐이 될 것이라 생각하여 비참한 침묵과 죄책감적인 자기비난(self-reproach)속에서 고통을 겪는 경향이 있다. 이 상태에선 애증의 감정이 더욱 양가적으로 되어 적대감과 공격성 및 죄의식이 표면에 드러날 수가 있다. 그의 행동이 적대적이고 공격적이란 것이 주위의 가까운 사람에게는 명백하게 느껴지지만 본인은 그것을 깨닫지 못하는 경우가 많다. 따라서 이들을 치료할 때는 표면에 나타나 있는 공격성을 감소시켜 죄책감을 줄이고 대상과 관계를 맺도록 하는 것이 치료의 급선무가 된다고 Tarachow는 지적하고 있다.

참고문헌

<국 내>

권석만(1999). 젊은이를 위한 인간관계 심리학, 학지사

김병석(1999). 청소년의 심리평가와 성격장애, 아동・청소년상담연구회, 부산광역시 상담기관협의회 제2회 동계교육연수 wcrkshop 자료집.

김성태(1973). 발달심리학, 서울: 법문사.

김제하 역(1990). 어린왕자, 소담출판사. Saint-Exupery. A.(1943), *Lepetit Prince.*

아동・청소년 상담연구회, 부산광역시 상담기관 협의회(1999). 제2회 동계 교육연수 workshop 자료집.

안형관(2000). '동서정신과학 세미나' 강의, 동방심리상담연구소.

이근후・최종진・박영숙 공역(1992). 정신역동적 정신치료, 하나의학사. Saul, L.(1972). Psychodynamically based psychotherapy

이동식 (1974). 노이로제의 이해와 치료, 서울: 일지사.

이동식 (1975). 한국인의 주체성과 도, 서울: 일지사.

이재훈 역(1997). 유아의 심리적 탄생, 서울: 한국심리치료연구소. Mahler, M.S., Pine, F., & Bergman, A.(1975). *The Psychological Birth of the Human Infant.*

이재훈 역(1997). 놀이와 현실. 서울: 한국심리치료연구소. Winnicott(1971). *Playing and Reality.* New York: Tavistock Publications.

장연집 외 공저(1997). 현대인의 정신건강, 학지사

정방자(1979). 대상관계와 심리치료, 서강대학교 학생생활연구소, 인간이해 제1집, 48-62.

정방자(1980). 우울신경증 내담자의 심리적 특성과 상담전략. 영남대학교 학생생활연구소, 학생연구 제 11권 1호 1-17.

정방자(1984). 사례연구에 의한 상담과정 분석, 임상 및 상담심리학보 제5권 1호 53-62.

정방자(1998). 정신역동적 상담, 학지사

정방자・최경희(1995). 건강한 부모-자녀관계를 위한 정신역동적 접근, 영남대학교 학생생활연구소 제26권 1호 1-21.

최경희(1997). 부모교육을 위한 정신역동적 심리치료의 이론적 고찰, 교육학논총, 대구경북교육학회, 제18집.

최경희(1999). 부모교육 프로그램 개발에 관한 연구 -정신역동적 상담의 시험적 적용-, 대구효성가톨릭대학교 박사학위 청구논문.

최경희(2002). '隨順' 3권 1호. 동방심리상담연구소 발행, 2002. 3. 1.

최경희(2002). '隨順' 3권 2호. 동방심리상담연구소 발행, 2002. 9. 1.

최경희(2003). '隨順' 4권 1호. 동방심리상담연구소 발행, 2003. 3. 1.

<국 외>

Ackerman. N.(1958). *The Psychodynamics of Family Life* (New York: Basic Books), pp.85-89.

Alexander. F.(1948). *Fundamentals of Psychoanalysis.* New York: W.W.Norton.

Alexander, F.(1961). *Scope of Psychoanalysis.* New York: Basic Books, pp.253-256.

Alexander, F.(1963). *The Dynamics of Psychotherapy in the Light of Learning Theory.*

American of Psychiatry, 120. p440-448.

Alexander, F., and French, T.(1946). *Psychoanalytic Therapy.* New York: Ronald Press.

Breuer, J., and Freud, S.(1893). *Studies in Hysteria.* New York: Nerv. and Ment. Dis. Pub., 1936.

Cameron, N.(1963). *Personality Development and Psychopathology: A Dynamic Approach.* Boston: Houghton Mifflin.

Collins, N.L., Dunkel-Schetter, C. Lobel, M. & Scrimshaw. S.C.M.(1933). *Social support in pregnancy: Psychosocial correlaters of birth outcomes and postpartum depression.* Journal of Personality and Social Psychology, 6, 1243-1258.

Corey, G.(1986). *Theory and Practice of Counseling and Psychotherapy,* Calif: Brooks/Cole.

Dewald, P. A.(1969). *Psychotherapy: A Dynamic Approach*(2nd Ed). New York: Basic Books.

Dewald, P. A.(1974). *The Theory and Practice of Individual Psychotherapy* (psychotherapy tape library의 녹음), 김기석 역. 서울: 고려대학교 출판부.

Ellis, A.(1963). Toward a more precise definition of emotional and intellectual insight. *Psychological Reports, 13,* 125-126.

Ellis, A.(1979). *Rational Emotive Therapy, In R.T. Corsini, Current Psychotherapies.* ITASCA : Peacock, 185-229.

Erikson, E. H.(1963). *Childhood and Society(2nd ed.)* New York: Norton.

Fairbairn, W. R. D.(1952). 'Endops*ychic Structure Considered in Terms of Object-Relationships' in Psychoanalytic Studies of the Personality* (London: Routledge and Kegan Paul) p.84.

Fairbairn, W. R. D.(1954). *An object relations theory of the personality.* New York: Basic Books.

Freud, S.(1923). The descriptive and the dynamic unconscious, S. E. 19, p52.

Freud, S.(1923). *The ego and The Id,* London: Hogarth Press.

Freud, S.(1928). Dostoevsky and Parricide. In *Collected Papers,* 5: 22-242. London: Hogarth Press, 1950.

Freud, S.(1940). *Outline of Psychoanalysis,* S. E. 23.

Freud, A.(1937). *The Ego and the Mechanisms of Defense.* London : Hogarth, pp.4-5.

Freud, A.(1946). *Ego and the Mechanisms of Defense.* New York: Internat. Univ. Press.

Greenberg, J.R., & Mitchell, S.A.(1983). *Object relations in psychoanalytic theory. Cambridge,* MA: Harvard University Press.

Hamilton, N. G.(1994). Object Relations Theory. *Encyclopedia of Human Behavior, Volume 3,* Copyrighty Academic Press, Inc.

Horner, A. J.(1984). *Object Relations and the Developing Ego in Therapy.* Northvaleand London: Jason Aronson: Inc.

Jacobs, M.(1988). *Psychodynamic Counselling in Action,* London: Sage.

Jourard, S.M. & Lasakow, P.(1958). "Some Factors in Self-disclosure", *Journal of Abnormal & Social Psychology.* 58/ 91-98.

Kaplan, H.I., Freedman, A.M., & Sadoch, B.M.(1980). *Comprehensive Textbook of Psychiatry/III(3rd ed.).* Vol.2. Baltimore: Williams & Wilkins.

Kernberg, O. F.(1966). Structural derivatives of relationships. *International Journal of Psychoanalysis,* 47, p236-253.

Kernberg, O. F.(1975). *Borderline conditions and pathological narcissism.* New

York: Jason Aronson.

Kernberg, O. F.(1976). *Object-relations theory and clinical psychoanalysis.* New York: Jason Aronson.

Kim. B.(1995). *The differences in cognitive complexity and affect-tone of object representations reflected in the early childhood memories between borderline personality disordered and normal subjects.* Doctoral dissertation. Florida State University.

Klein, M.(1961). *Narrative of a child analysis.* New York : Basic Books.

Klein, M.(1975). *The psychoanalysis of children.* New York: Dell.

Kohut, H.(1971). *The analysis of the self.* New York: International Universities Press.

Mahler, M. S.(1968). *On human symbiosis or the vicissitudes of individuation.* New York: International Universities Press.

Masterson, J. F.(1981). Early memories and character structures. *Journal of projective techniques and personality assessment,* 32, p303-316.

McLoughlin, B.(1990). The client becomes a counsellor' , in D. Mearns and W. Dryden(eds), *Experiences of Counselling in Action.* London: Sage

McLoughlin, B.(1995). *Developing Psychodynamic Counselling,* Sage Publications.

Mussen, P. H.(1963). *The Psychological Development of the Child.* New Jersey: Prentice-Hall.

Myers, I. B. with Myers, P. B.(1980). *Gifts Differing.* Palo Aalto, CA: Consulting Psychologists Press.

Nunberg, H.(1951). Transference and Reality. *International Journal of Psychoanalysis, 32,* 1-9.

Rado, S., and Daniels, G.(1956), *Changing Concepts of Psychoanalytic Medicine.* New York: Grune & Stratton.

Saul, L. J.(1958). *Technique and practice of psychoanalysis,* philadelphia: J. B. Lippincott.

Saul, L. J.(1971). *Emotional Maturity(3rd Ed),* Philadelphia: Lippincott, Chap, 25, 207.

Saul, L. J.(1972). *Psychodynamically Based Psychotherapy,* New York: Science House. Chap.5.

Saul, L. J.(1977). *The Childhood Emotional Pattern, The key to personality, It's disorders and therapy.* New York: Van Nostrand Reinhold company.

Saul, L. J.(1979). *The Childhood Emotional Pattern in Marriage,* New York.

Sperling, M.(1963). In Tarachow, S. An Introduction to Psychotherapy, pp.145-147.

Tarachow, S.(1963). *An introduction to psychotherapy.* New York: International University Press.

Vaillant, G.E. (1977). *Adaptation to Life*. Boston. Little, Brown.

Winnicott, D. W.(1958). The Capacity to Be Alone, *International Journal of Psychoanalysis,* 39, 416-420.

Winnicott, D. W.(1987). *The Child, The Family, and The Outside World. Addisonwesley Publishing Company, Inc.* pp.167-168.

Winnicott, D. W. (1990). *Home in Where We start From:* Essays by a Psychoanalyst. New York and London: W.W.Norton & Company.

Yarrow, L. J.(1961). Maternal deprivation. *Psychological Bulletin, 58(6),* 459-490.

Zick & Temoshok(1987). *Perceptions of social support in man with AIDS and ARC:: Relationship with distress and hardiness.* Journal of Applied Social Psychology, 17, 193-215.

찾아보기